AF448650

LA FUERZA MANDA

EZEQUIEL COSTA

HOJAS DEL SUR

Buenos Aires

www.hojasdelsur.com

La fuerza manda
Ezequiel Costa

1.ª edición

Editorial Hojas del Sur S.A.
Buenos Aires, C1419FSU, Argentina
e-mail: info@hojasdelsur.com
www.hojasdelsur.com

ISBN: 978-987-8916-74-3

Dirección editorial: Andrés Mego
Edición: Silvana Freddi
Diseño: Noelia Pepe

Costa, Ezequiel
    La fuerza manda / Ezequiel Costa. - 1a ed. - Ciudad Autónoma de
Buenos Aires : Hojas del Sur, 2024.
    160 p. ; 21 x 14 cm.

    ISBN 978-987-8916-74-3

    1. Desarrollo Personal. 2. Salud. I. Título.
    CDD 158.1

ÍNDICE

Este libro está dedicado a esas personas que alguna vez lloraron mirando al horizonte sin saber para dónde comenzar a caminar, a esas personas que caminaban junto a la soledad, pero triunfaron, a pesar de los obstáculos. ¡La fuerza de voluntad es el camino!

AGRADECIMIENTOS

Doy gracias a Dios y a la vida por la familia que me dio, por enseñarme a luchar por lo que quiero; a todas esas personas que creyeron en mí; y también a los que no creyeron porque, gracias a ellos, tomé el impulso para demostrarles que podía. Y un agradecimiento enorme a mi novia, por ser el pilar que me protege y por hacerme feliz, ¡gracias eternas!

Considero que todo es fuerza: desde mantenernos erguidos hasta el hecho de poder caminar. Todo requiere fuerza. Por ejemplo, ¿qué implica caminar?, generar un desequilibrio constante del cuerpo en el espacio. Y, para equilibrar la marcha, se necesita fuerza. Estamos en la gravedad. La gravedad aplica una fuerza de 9,8 m por segundo al cuadrado. Por esa razón no podemos saltar más alto; debido a ese peso que llevamos encima y que nos está aplastando. Y, por esta misma razón, la columna vertebral está diseñada de manera tal que amortigua el peso de la gravedad. Si la columna fuera recta, no podríamos soportar ese peso. El universo tiene una conexión de fuerzas entre sí. Desde otro punto de vista, todo el tiempo estamos soportando una fuerza sobre nosotros, excepto cuando estamos acostados, momento en que menos fuerza sostiene. Pero, al levantarnos, volvemos a usar la fuerza… En definitiva, ¡todo es fuerza!

Por supuesto que este concepto está asociado a la fuerza de voluntad, a la fuerza espiritual, a la fuerza del deseo. Todas estas fuerzas van de la mano. En cuanto al entrenamiento deportivo, decimos que la fuerza tiene diferentes manifestaciones: fuerza rápida, fuerza explosiva, fuerza máxima, tiempo de aplicación de la fuerza, momento indicado cuando aplicar la fuerza, momentos diferenciales de aplicación de fuerza, aceleración de la carga, etc. Esto nos lleva a las leyes de Newton, que hablan acerca de la relación: "Fuerza = masa x aceleración". Lo mires por donde lo mires, todo es cuestión de fuerza. Cualquier objeto pesado que quieras mover requiere fuerza. De hecho, un objeto pequeño y con poco peso, cuando es lanzado, genera otra dinámica de fuerza, otra expresión de fuerza. En general, cuando la gente va al gimnasio, se enfoca solamente en lo estético; en lo primero que quieren mostrar, un bello cuerpo. Pero también existe una manifestación de la fuerza, que se divide en diferentes manifestaciones. Estas pueden ser fuerza máxima, fuerza resistencia, fuerza isométrica y fuerza excéntrica. Entonces, cuando se les plantea que necesitan hacer entrenamiento de fuerza, interpretan que se trata de levantar mucho peso. Con el solo hecho de levantar una barra y hacer una serie de repeticiones, ya estamos aplicando fuerza.

Literalmente, nosotros, como entrenadores, hacemos que la gente común que aún no es atleta comprenda e interprete el entrenamiento de la fuerza, tal como lo interpretamos nosotros. No importa si el peso que se levante es mucho o poco; en algún momento algo tiene que levantar, aunque sea usando un poco de fuerza para salir de su zona de confort. Esa es la idea básica que les decimos siempre a los que ingresan, sean pequeños o adultos mayores: nosotros vamos a hacerlos sentir incómodos, para entrenar. Cada día de entrenamiento, sentirán una incomodidad, porque necesitamos sacar el cuerpo de ese estancamiento, liberarlo de esa agonía, y activar esa quietud. Y esto se logra comenzando con un poquito de esfuerzo, y cada vez un poquito más, y un poquito más, hasta generar la voluntad para poder levantar posteriormente un gran peso. Como ya dijimos, se comienza a entrenar —junto con los músculos— con la cabeza, activándose, así, la voluntad para lograr una escala más. Esto genera más fuerza muscular, más capacidad de resistencia, hasta formarse una cadena, un ciclo que te irá preparando como persona a lo largo de tu vida.

FUERZA Y PERSEVERANCIA

Comienzo contándote un poco de mi historia...

Como soy una persona de carácter fuerte, no tuve entrenadores de fuerza; comencé a entrenar solo. Siempre fui inquieto y curioso, con ganas de crear cosas nuevas; jamás pensé que alguien pudiera entrenarme, porque tenía muchas ganas de crear mi propio sistema. Así fue cómo fueron apareciendo las primeras ideas. Y, si bien aprendí estudiando la parte teórica, la técnica a la que hoy llegué la desarrollé transitando mi propio camino, dialogando y estudiando, probando y equivocándome, y compitiendo por mi cuenta. Al principio, mi objetivo no era competir, pero tuve que hacerlo para vivir la experiencia. Durante los diez años en los que competí, poco a poco comencé a entrenar a otros. Pero, antes que nada, debía meterme en la piel del atleta. Entonces, me dije a mí mismo: "Tengo que competir para poder formar competidores". No enseñes algo si no lo viviste. Esta es una de las cosas que recuerdo haber aprendido cuando me enseñaban educación física para niños: "Compórtate como un nene durante toda la clase". El profesor planteaba juegos para niños de 5 a 6 años, y teníamos que jugarlos metiéndonos en la cabeza de un pequeño. Luego, juegos para 7 y 8 años. De esa manera, pude vivenciar los juegos de acuerdo a cada edad. Incluso las mismas prácticas en escuelas confirmaron que esa no era mi vocación, mi especialidad. Lo mío eran la preparación física y la competencia. Comencé el profesorado con ganas de estar en las aulas trabajando con los chicos, pero con el tiempo me di cuenta de que lo que más deseaba era el entrenamiento fuerte, ver a atletas superándose día a día. El tiempo pasó; terminé la carrera, y recibí el título de profesor de Educación Física. En la secundaria cursé un bachillerato pedagógico; por ende, durante cinco años estudié pedagogía, clave en mi rol como entrenador; tuve muy buenos profesores de pedagogía. Aunque lo mío era el deporte, disfrutaba mucho la filosofía y la pedagogía, la psicología evolutiva, y luego la pedagogía del deporte. Así como la filosofía es la madre de todas las ciencias, la pedagogía es la madre del liderazgo y de la educación. El rol docente es clave; somos formadores de formadores. Un docente debe reunir ciertas características: saber diagnosticar, organizar, orientar, ser empático, humilde, responsable y dinámico; poder diseñar y dirigir los procesos de aprendizaje. Pero a la vez debe retroalimentar al alumno, generando acciones que den pie a la innovación y al desarrollo educacional.

Recuerdo que, cuando empecé a estudiar la carrera, tenía un compañero en el profesorado de Educación Física que era más grande que yo, quizás el más grande del grupo. Pero teníamos algunas cosas en común: él era entrenador y fisicoculturista; me gustaba lo que él hacía. Era una persona muy pensante, seria, correcta.

Siempre me acerqué a las personas serias, correctas y que saben lo que quieren. Cuando empecé a estudiar, le dije: "Cristian, voy a hacer la carrera de entrenador de fuerza; no sé bien por qué, pero me interesa mucho esa disciplina". Entonces, me dijo: "¿Entrenador de fuerza? Te vas a morir de hambre… para mí, estás errando". Este comentario me desanimó. Se me viene a la mente una escena de la película en busca de la felicidad, donde el padre le dice a su hijo: "No dejes que nadie te diga que no puedes hacerlo, ni siquiera yo". Entonces pensé: "Si cree que me voy a morir de hambre… ¡lo voy a intentar!". A veces los demás nos aconsejan desde sus propias inseguridades y miedos. Por eso, debemos alejarnos de esos comentarios, y bloquearlos para que no interfieran en nuestras decisiones.

Si alguien me dice que quiere estudiar para ser astronauta, le digo: "Listo, dale para adelante. Cuéntame dónde piensas estudiar, cuáles son los requisitos, qué te gustaría investigar". Quiero que la gente que esté a mi lado avance, motivarla a que siempre crezca. Quizás no tuve gente que me dijera: "Vamos, sigue, sigue con eso". Estaba solo. Inclusive a mis padres no les gustaba lo que yo hacía. Entrenaba y regresaba a casa con alguna contractura o dolor, y me decían: "Lo que estás haciendo te hace mal, ¿para qué te dedicas a eso? ¿Por qué no estudias una carrera en serio?". Hoy entiendo que estas palabras fueron desde el desconocimiento, pero siempre les respondía lo mismo: "Yo sé lo que quiero, adónde quiero llegar; esto me gusta. Voy a buscar los recursos y a ver la manera de lograrlo". Dialogaba, pero filtraba ese mensaje. Hoy, en ciertos momentos, mi padre lo reconoce y me dice: "Ahora, al ver el lugar al que llegaste, tengo que reconocer que luchaste por eso; inclusive luchaste contra nosotros, contra ese desconocimiento, con nuestros miedos también… Hoy lo reconozco, Ezequiel; fue una labor tuya". Y, pensándolo bien, ellos me dieron las herramientas para poder accionar con mis ideas y trabajar por lo que quiero, porque lo vi de parte de ellos. El mejor ejemplo que puedes darle a alguien querido es mostrarle tu propia vida.

Por supuesto que tuve entrenadores y mentores que me guiaron en el camino, y valoro a cada uno de ellos. Pero recuerdo que cierta vez mi mamá me preguntó: "Ezequiel, ¿no te juntas con tus compañeros de clase?". Le respondí: "No, mamá, no tengo ganas". Y ella me respondió: "Tú vas a ser un tipo muy solitario", y no se equivocó: ¡soy bastante solitario! Por eso insisto: si tienes una idea, sigue adelante. Aunque sea diferente a la del otro, aunque el otro no la vea.

Una de las cosas que siempre tuve en claro es que, cada vez que tenía un problema, iba al gimnasio. Era como entrar en mi propio mundo, donde las cosas externas no me afectaban; me las olvidaba por un momento. (Incluso los problemas serios, los asuntos familiares, las crisis sentimentales). Una psicóloga me dijo: "A veces me cuesta entender cómo tienes tanta fortaleza mental para ir al gimnasio y entrenar". Como dice Antoine de Saint Exupéry en *El Principito*: "Las flores son débiles, son ingenuas. Se defienden como pueden, se creen terribles con sus espinas", y mis espinas eran el gimnasio. Identifica la tuya, tu coraza, tu fortaleza y aférrate a eso. En épocas de problemas, lo que hacía era ir al gimnasio; era lo que más me gustaba hacer. Y, con esa misma forma de pensar, trabajo hoy con mis atletas. Siempre les digo que el parámetro más alto soy yo mismo: "Si yo pude, tú también puedes". Me considero un tipo simple, de barrio, con miedos e inseguridades como cualquiera. Cuando les digo eso, se quedan pensando: "Claro, yo también puedo". Y de manera frontal les digo: "No me importa cómo estés, no me importa cómo viniste a entrenar; ven al gimnasio y sigue la rutina que te doy, porque quiero que tu voluntad empiece a entrenarse". ¡Eso es lo que quiero! Allí empieza la cuestión más profunda del entrenamiento de fuerza. Si bien es cierto que tuve montones de problemas, jamás dejé de entrenar. Lo primero y principal es levantarte y entender que la vida sigue, y ese día iré al gimnasio. No tienes opción. Si quieres fortalecer tu voluntad, tienes que levantarte e ir. T. Harv Eker, un escritor canadiense, dice: "Las personas exitosas tienen miedos, dudas y preocupaciones. Simplemente, no permiten que estos sentimientos los detengan".

FUERZA Y DOLOR

Hay gente que dice: "Pero tengo tantos problemas… estoy atravesando una crisis… ¿cómo hago?". Primero, debes aprender a transitar el dolor, y yo prefiero que lo hagas dentro del gimnasio: que te levantes y que, simplemente, intentes mover un pie delante del otro, y que vayas. Si quieres, haz solamente abdominales o bíceps. De esta manera, el cerebro se irá entrenando, entendiendo que, cada vez que te pasa algo, tienes que seguir tu vida normalmente. Todos atravesaremos problemas, y sé que muchas veces no es fácil transitarlos. Pero estoy convencido de que el entrenamiento puede ser la solución para muchas personas que quizás están desorientadas. Creo que es oportuno compartirte uno de mis mejores secretos que he guardado: que aprendas a transitar todo lo que te pasa, sea lo que fuere: duelos familiares, e incluso la pérdida de un hijo, junto al entrenamiento. He tenido que acompañar a muchas personas con estos duelos: eran mi rol y mi decisión. Y esas personas aprendieron conmigo a levantarse e ir al gimnasio. De hecho, yo, como entrenador, tenía que estar aún más fuerte que ellos para guiarlos hacia la competencia.

En el levantamiento de pesas, hay un entrenador búlgaro de nivel olímpico —surgido hace 30 años—, quien cambió el paradigma del entrenamiento de fuerza. La diferencia fue tal que pudo sacar más de 50 campeones olímpicos entre los años ochenta y los noventa. Este sistema búlgaro consiste en un plan de alta intensidad: cada día de entrenamiento, debe cumplirse el máximo de peso que pueda soportar el atleta, y hasta pueden lograrlo dos o tres veces por día. Este entrenador creó El Escuadrón de la Muerte, simplemente porque, al llegar, este equipo búlgaro ganaba todos los premios y aplastaba a los demás. El nombre del entrenador es *Iván Abadjiev*; llegó a ser considerado el mejor entrenador de pesas del mundo y de la historia. Falleció hace tres años, a los 83, y escribió un solo libro, que está en idioma búlgaro. Pero averiguamos e investigamos hasta conseguir la información que él le pasó a su gente. Existen entrenadores formados por él que aplicaron este método de manera ramificada; llegaron primero a Colombia y luego a otros países de Latinoamérica, hasta llegar a Argentina. Un amigo entrenador de levantamiento de pesas, que trabajó en Colombia con un entrenador búlgaro, fue mano derecha del propio Abadjiev. Con él aprendimos este método de entrenamiento, el cual lo aplicamos en parte, ya que se trata de un entrenamiento muy intenso. El objetivo es ese: arrasar a todos tus competidores. Escuchamos entrevistas realizadas a atletas que sobrevivieron a ese sistema. Por ejemplo, uno de ellos —que llegó a ser tres veces campeón olímpico— trajo desde su habitación las medallas de oro, las puso en la mesa y dijo: "Estos son mis cuadernos de entrenamiento", y mostró los materiales escritos que usó como teoría a lo largo de su vida, cuadernos que escribió su entrenador durante 10 años de entrenamiento. Cuando le preguntaron cómo había sido entrenar con Abadjiev, simplemente, respondió: "Fue inhumano". Claro, logró tres medallas de oro. De hecho, si se colgara todas las medallas que ganó a lo largo de su carrera, no podría sostenerlas en el cuello.

Aunque el dolor es parte del proceso, creo que el entrenamiento de fuerza no deja a nadie afuera; todos pueden hacerlo. Recordemos que se trata de una disciplina con diferentes manifestaciones; de hecho, al ingresar a un gimnasio, cualquier actividad que hagamos manifestará tu fuerza de alguna manera. Hay personas que ven el levantamiento de pesas como algo monótono y aburrido; quizás hay gente que prefiera las actividades deportivas más dinámicas y al aire libre. Ellos, difícilmente, soporten esta disciplina. En definitiva, no es para quienes buscan esparcimiento y recreación; por eso existen gimnasios que enseñan zumba, o con énfasis social y aeróbico.

FUERZA Y VOLUNTAD

Por otro lado, así como me gusta apoyar a la gente, a mí me gustaba "bancarme" solo; no me gusta apoyarme en alguien, no me gusta ser el peso de alguien. Elijo estar parado firme solo, y lo que tenga que venir que venga; si me tengo que caer, me caeré y me levantaré, y seguiré. Ese siempre fue mi pensamiento, y es el mismo pensamiento que les comparto a mis atletas para su propia vida. Porque entiendo que no solamente te sirve para mantenerte fuerte y estar saludable físicamente, sino también para desarrollar una fuerza psicológica. ¿De qué manera uno va encontrando la fortaleza? ¿Cómo es que las pesas o ir al gimnasio o levantar algo pesado me va a ayudar a mí en esta separación, o en este duelo?

Justamente, la fuerza está en la voluntad. Aquí reside la fuerza. William Shakespeare escribe: "La voluntad es en nosotros mismos; que somos de una forma u otra. Nuestros cuerpos son nuestros jardines, en los cuales nuestras voluntades son sus jardineros". Al ir todos los días, cumplir una rutina, superar tus metas de fuerza, no trabajas sobre el físico solamente, sino que tu mente se entrena para superar el desgano, generar más voluntad, dominar tus emociones y superarte. De esta manera, cuando de manera inesperada te toca afrontar un problema grave, seguramente tengas otra resistencia.

El cuerpo es como una pared: para que tu masa muscular crezca, primero debes golpear esa pared y derribarla a mazazos. Les estás pegando a los músculos para destruirlos, no para dañarlos. Una vez que se destruye, aparecen los albañiles, los ladrillos y la mezcla nueva — que representa la comida, el descanso, etc.— y empiezan a construir, ladrillo por ladrillo, la musculatura nueva. Aun así, puede ocurrir que tus músculos no crezcan porque, o no le has pegado muy fuerte a la pared y apenas le sacaste el revoque, o porque durante un año estuviste haciendo entrenamiento liviano y apenas le sacaste un poco de pintura a la pared, o no estás comiendo lo correcto. La primera rutina siempre es la voluntad. Llega un momento en que la vida misma va a preguntarte: "¿De dónde saco fuerza?". La fuerza es algo integral. El objetivo de este libro no es crear un relato de lo real, sino decirte que no se trata solo de levantar pesas. Me tocó este problema grave en la vida y puedo resistirlo de pie. ¿De dónde nació esa fuerza?, de todo lo que fui entrenando a lo largo de este tiempo, de haber levantado peso tras peso hasta llegar a 200 kg. Este entrenamiento influenció mi mente. Si bien el cuerpo solamente se entrenó para levantar el hierro, de repente, sin darse cuenta tiene la fortaleza para soportar también el problema. Si podemos unir ambas cosas, es una bomba. Muchos —desde su visión exterior— no lo comprenden, porque piensan: "¿Para qué te sirven las pesas?, ¿para ponerte más fuerte físicamente?".

FUERZA Y SACRIFICIO (PERSEVERANCIA—VANGUARDIA)

Una parte clave de mi labor es la agenda: organizo las cosas y las separo entre urgentes e importantes. La urgencia es una característica en la cual la relación fecha/entrega/finalización vs. volumen de la tarea determina el nivel de prioridad. Por otro lado, lo importante es una cuestión asociada a las consecuencias. Una tarea es más importante o no en función de la gravedad de las consecuencias que sufriremos al no realizarlas. Por eso me enfoco primeramente en lo que para mí es de mayor urgencia: las certificaciones; los cursos; lo que más me apasiona; lo que más me gusta; dónde dedico tiempo para avanzar, para generar un curso, programar y proyectar las fechas, y empezar a trabajar en las certificaciones. La tarea no es repetitiva; siempre voy modificando ejercicios. Nunca una certificación va a ser igual a otra. Si bien tienen el mismo formato y los mismos contenidos, estas se renuevan de acuerdo a los cambios que infiero en el entrenamiento. Recuerdo una palabra que me enseñó un profesor del profesorado de educación física: el "gatopardismo". Se trata de una filosofía que considera preciso que todo cambie para que todo pueda seguir igual; consiste en hacer las cosas de modo que muten, para que, así, lo demás permanezca intacto. Siempre necesito y deseo estar en la vanguardia.

La "Certificación de Fuerza de Power-Coach" culmina con la entrega de un certificado como Entrenador de Potencia. Se trata de una capacitación que enseña, desde las bases, qué es la fuerza, cómo entrenar, cómo planificar desde la labor con un principiante hasta el alto rendimiento. Durante un fin de semana completo de 9 a 18 h, desarrollamos un tiempo teórico y, después, un tiempo práctico. En general, no es fácil encontrar profesores que bajen el contenido de los libros a la realidad. Es difícil que alguien pueda explicar algo complejo de una manera simple, de tal modo que sea de lectura fácil y simple para entender. Para quien no conoce la bibliografía o la teoría relacionada con el entrenamiento de fuerza, existen conceptos complejos. Durante ese fin de semana de entrenamiento, podemos bajar al máximo posible esos conceptos de modo tal que lo que cita cada libro puede entenderse con claridad. Trabajamos con bibliografía variada, y explicamos de qué manera se llevan a la práctica estos procesos de forma segura y pausada, delineando caminos que tienen periodos y ciclos.

Además, complemento la didáctica con mi propia experiencia; esto nos permite clasificar lo que puede servir y lo que no. Incluso aclaramos que determinados contenidos no están incluidos en la bibliografía por distintos motivos; así, los participantes entienden por qué les decimos que no son aspectos necesarios o no son prácticos. Pudimos ver también cómo algunos participantes, solamente con ese fin de semana —que pareciera ser poco tiempo, aunque no lo es—, han logrado planificar sus propios entrenamientos y, gracias a la certificación, llegaron a participar incluso de un torneo sudamericano, y hasta de un mundial. Este es el alcance que tiene la certificación que estamos ofreciendo: una graduación pensada para una persona común que, a través de los años, pueda aprender cómo llegar por su propia cuenta a un alto grado de rendimiento, siempre complementando la teoría y la práctica.

Algo que reiteramos nosotros, los entrenadores de fuerza, es que, si bien la teoría es fundamental, necesitas sentir la barra en el cuerpo. No existe mejor experiencia que esa; necesitas sentir el frío de la barra, el dolor de la barra en los hombros. Esto es sumamente importante: todo entrenador de fuerza o preparador físico tiene que pasar por esa experiencia, al menos por un tiempo determinado. Quizás no sería necesario que te dediques a eso, pero durante un período es preciso entrenar como si fueras a competir, más allá de que luego compitas o no. Durante un tiempo, tienes que hacerlo. No puedes adquirir experiencia solo haciendo experimentos. "No se puede crear la experiencia; debes experimentarla"[1].

---

[1] Frase de Albert Camus.

Siempre resulta más fácil cuando los participantes ya son entrenadores o profesores de educación física, porque ellos tienen conceptos básicos que no es necesario explicar. Pero también recibimos participantes muy entusiastas que no son profesionales, y de igual forma pueden cursar, aunque les cueste más comprender algunos conceptos. A ellos, todo lo explicado se refuerza con un apoyo bibliográfico, con artículos, material en PDF, etc. A su vez participan algunos kinesiólogos y licenciados en entrenamiento de alto rendimiento.

FUERZA Y LIDERAZGO

Otra de las Certificaciones que sumamos al Club de la Fuerza es la de Liderazgo. En general, a los participantes les interesa mucho aprender cómo pueden liderar su sala de musculación, cómo liderar a cada uno de sus atletas. De hecho, no todos saben cómo tratar con ellos. El liderazgo no es una materia que se estudie en el nivel terciario; no suelen incluirla.

Lo más importante en el proceso de formación son los torneos en los que van a participar nuestros atletas. Normalmente, procuramos que sean cuatro torneos al año. A partir de ahí planificamos junto a ellos la agenda anual, programando dos charlas técnicas al año. A partir de eso, planificamos la agenda completa. Luego, cada uno tendrá su rutina específica. Pero todos parten sabiendo cuándo van a competir, qué desempeño van a presentar en cada torneo, qué grado de importancia tendrá cada una de esas competencias, cuál es el primero y el último del año. Esta planificación es acompañada de manera personal. Esta es otra de las cosas que más me apasiona hacer; por eso está entre mis prioridades.

Otras de mis preferencias son mis lecturas personales, mantenerme informado y actualizado, buscando estudios de vanguardia, las cuales luego se sumarán a nuestras certificaciones. Mi vida personal ocupa el siguiente lugar: estar en calma, sin agitación, sin dejarme llevar por todo ese ruido que termina afectando mi organismo, mi cuerpo. Trato de evitar que las cosas de afuera me contaminen; siempre dedico momentos para estar tranquilo y rearmarme, pensar con claridad lo que voy a hacer, para entonces sí salir luego al mundo para desarrollar lo que ya visualicé dentro de mí.

"Eres más productivo haciendo quince minutos de visualización que con dieciséis horas de trabajo duro".

(Abraham Hicks)

Me considero un entrenador ordenado; creo que las cosas deben darse progresivamente. Así fue cómo aprendí a liderar mi propia ansiedad. Antes era una persona ansiosa; quería que todo ocurriera al instante, como en general se vive hoy: ver los resultados ya, estar pegados a las redes sociales, no despegarse nunca del WhatsApp. Por eso la ansiedad es difícil de manejar. Pero aprendí a decir: "Esto lleva su tiempo; voy a disfrutarlo". Aprender a disfrutar el proceso es fundamental. Si tengo en claro mis objetivos a corto, mediano y largo plazo, a partir de entonces es cuando podemos comenzar a disfrutar el proceso. No solamente debemos articular de cerca con el proceso, sino también amarlo, desearlo. Si no, seguramente, la ansiedad nos volverá a ganar y, cuando esta gana, desistimos, porque solemos pensar que las cosas iban a ser más fáciles. Pero, si al comenzar una actividad, nos posicionamos diferente, comprendiendo que las cosas tienen su proceso y que hay etapas que atravesar, entonces, somos conscientes de dónde estamos parados y hacia dónde vamos.

Hace poco me preguntaron cómo se hace para controlar la ansiedad. Particularmente, considero que necesitamos interpretar las dificultades como un desafío, y no como una amenaza. Esta manera de pensar nos permite afrontar la situación motivados. Es clave razonar si la posibilidad de que ocurra lo peor es tan grave como realmente pensamos. Frente a estos hechos, lo mejor es preguntarse: "Si ocurriese lo peor, ¿realmente sería tan grave?", y así poner atención en los problemas solo cuando se puede hacer algo. Cuando no hay nada que hacer, seguiremos la vida con normalidad, y atendiendo otros asuntos. Por eso, cada vez que alguien nuevo llega al gimnasio, le aclaro que está comenzando un proceso. "No pretendas que el mes que viene veas resultados". El primer mes lo separo para conocerlo; el segundo, para profundizar el conocimiento mutuo; y, recién en el tercer mes, comienza a modelarse un estilo de trabajo. Por supuesto que la persona va a tener más músculos y va a estar más sana pero, sin dudas, se requiere más tiempo.

Finalmente, vamos identificando a quiénes serán futuros entrenadores. Lo primero es identificar atletas con clara determinación, que toman buenas decisiones.

El líder comienza a diferenciarse del resto del grupo por la acción proactiva. Por ejemplo, un fin de semana, detectas gente que está atenta a la oportunidad, y emprende la acción. Son ellos los que se animan a corregir a sus compañeros con respeto, animándolos y marcándoles algún aspecto técnico. Llegado el momento, los convoco y les digo: "Quisiera que me acompañen para aprender a entrenar a los demás atletas". Recuerdo la charla que tuve con los primeros convocados; fue extraordinario observar la buena reacción que tuvieron. Enseguida pude notar que abrazaron el tema y estaban concentrados. Un buen profesor detecta en poco tiempo a un talento deportivo. Luego debemos delinear un claro desempeño físico (hay algo en mi interior que me ayuda a detectarlos); puede ser la contextura física, aunque he descubierto muchos talentos a primera vista, solamente por observarlos entrenar. Luego presto atención a las decisiones que toman y cómo las ponen en marcha. Si bien es cierto que con esto no alcanza, lo fundamental está ahí. Conversando con ellos, me doy cuenta de si les cuesta dar órdenes, de si saben dirigir. Cuando un líder se establece, en definitiva, es el único que tendrá autoridad para dictar las normas. Establecidos estos primeros parámetros, lo que hace falta es desarrollar empatía. Llamamos "líder histórico" al que instintivamente da órdenes, marca el paso a los demás y avanza con empuje, insistiendo, presionando. Le obedecen porque, en general, somos hijos del rigor. Somos parte de una sociedad que ha demostrado ser hija del rigor; y eso refleja nuestra cultura. Eso nos hace un país difícil. Somos un pueblo acostumbrado a luchar; posiblemente, hoy estemos trabajando tres o cuatro veces más que hace diez años, para vivir igual. Por eso es que estamos acostumbrados al rigor: es parte de nuestra cotidianeidad. En parte, la realidad que vivimos hizo que hubiera una generación de líderes históricos, basados en el rigor. Las características culturales de nuestro país así lo exigen; si no, las cosas no funcionarían.

Desde otra perspectiva, para dejar de ser solo un atleta de fuerza y considerar ser entrenador de fuerza, la persona tiene que sentir el deseo de ayudar a otros, de transformar a la gente. De alguna manera, la vocación social deber estar presente. Aunque mostremos firmeza, claridad de rumbo y rigor en el entrenamiento, dentro de nosotros hay un corazón que desea ver a las personas transformadas, mejorando y saliendo adelante; no hay satisfacción más grande para un entrenador que sus atletas se sientan mejor, que crezcan profesionalmente y lleguen a ser campeones. Estamos transfiriéndoles valores a las personas y, en definitiva, lo que hacemos es ayudarlos... Los aplausos son para él. Guardo muy gratos recuerdos de cada atleta al que entrené y que alcanzó sus metas: ganar torneos, ser campeones. Tu vocación se confirma cuando tu satisfacción más plena es ver felices a tus atletas.

A los que quieren ser entrenadores, lo primero que les digo es que deben trabajar con pasión; esa pasión es un imán que atraerá a los que luego serán parte de su propio equipo. Además, deben vigilar que las personas cumplan los objetivos que se establecieron. Un entrenador debe usar todas las herramientas a su alcance para que la persona cumpla los objetivos que vino a buscar; es decir, cumplir las expectativas de confianza depositadas en uno. Un entrenador no debería fallarle nunca a la gente que lo sigue; las personas que llegan a nuestro gimnasio no pueden irse sin haber obtenido los resultados que buscaban. En definitiva, un entrenador no pierde de vista que debe supervisar la consecución de los objetivos de su gente. Por lo tanto, al comenzar el proceso, debe tener claras las ideas que implementará para el grupo y para cada atleta en particular. Los reconocimientos nunca llegarán si antes no se reconocen los logros de aquellos a quienes estás entrenando. Un entrenador no se mide por lo que sabe, sino por lo que logra en la vida de sus atletas. Será reconocido por los resultados de su gente.

Sin embargo, tampoco podemos olvidar esa dimensión que salvaguarda nuestra autoestima: el autorreconocimiento. Todos necesitamos ser reconocidos. No es una cuestión de orgullo, egoísmo o inmadurez; el ser humano —desde sus etapas más tempranas— necesita el respeto y cariño de todos aquellos que lo rodean. Allí es donde ese reconocimiento hacia nuestra persona queda implícito. Con ese acto se pone de manifiesto nuestro valor como seres humanos y como deportistas: ser alguien querido, que merece ser amado. Se reconocen, así, nuestras virtudes y nuestras capacidades para avanzar y conseguir más logros. Muchas veces me preguntan qué pasaría si el campeón estuviera solo en el mundo, si, realmente, sería campeón. Mi respuesta es un "¡No!" rotundo. Siempre debe haber alguien que te reconozca como tal; por ende, el otro se convierte en N°. 1. Esto, ciertamente, eleva la autoestima. Imagina un pequeño de 6 o 7 años: si cada logro que obtiene se lo reconoces, desarrollará confianza e inteligencia emocional.

FUERZA Y SALUD

Cuando el ingresante comprende esto y nos da su ok, podemos transitar juntos ese camino. Luego descubriremos que el proceso comenzó desde el primer día que llegó al gimnasio, con las primeras rutinas y con las primeras repeticiones, con aquella primera serie que aprendieron, y con los primeros ejercicios. Al día siguiente, verán que agregaremos una serie más, una repetición más, y así paulatinamente, sumando progresivamente más y más fuerza, siempre sumando. Por lo tanto, el proceso se convierte en la sumatoria de muchos avances pequeños. Al final, estaremos listos para contemplar el certero recorrido realizado, y esto ocurre cuando llegamos a un triunfo, cuando logramos aumentar la masa muscular o cuando mejoramos su salud, cuando el médico les baja los medicamentos, y hasta a veces se los saca por completo.

FUERZA Y ESTÉTICA

Recuerdo que siempre miraba el programa de Mirtha Legrand, donde había un modelo muy conocido que presentaba los trajes. El hecho es que todo este tema comenzó a interesarme. Decidí, entonces, buscar una escuela de modelos, a la cual asistí durante seis meses. Aprendí un montón de cosas básicas más con un profesor que era uno de los mejores modelos de los años sesenta y setenta. En aquel entonces yo tenía 18 años, medía 1,90 m —que era una estatura muy buscada— y pesaba 80 kg. El profesor me contactó con un estilista, que no solamente me enseñó a cuidar el cabello, sino que, cada vez que hacíamos un desfile, él mismo me lo estilizaba. Llegué a desfilar con Roberto Piazza, Judith Gavani, Graciela Alfano, y otras figuras muy importantes. Recuerdo que, en una ocasión, caminando por la Avenida Santa Fe, mientras iba a visitar al estilista, pasé por una agencia de publicidad que se llamaba *Ford Model*. Se trataba de una agencia muy reconocida, con presencia en New York, Roma, París, y otras grandes ciudades. Toqué timbre, y subí para averiguar cómo podía presentarme. Al abrirse la puerta, me atendió Martín Elortegui, justamente el modelo de Mirtha Legrand… No lo podía creer. Lo saludé y me dijo: "Trae tus fotos, que justo van a hacer una selección". A la semana siguiente me llamó y me avisó que yo era uno de los 15 seleccionados entre

200 postulantes para hacer el curso con ellos. Durante cuatro meses aprendí toda la labor fuerte del modelaje con un profesor de modelos que trabajaba en Europa para Yves Saint Laurent. Luego comencé a presentarme en castings, desfilé para Roberto Piazza y con marcas importantes como Levi's.

Me presenté en castings para publicidades de televisión. Recuerdo que la primera publicidad que hice fue la de Jugo Pindapoy. En general, las publicidades que salen en verano se filman en invierno, y las que salen en invierno se filman en verano. Me hicieron ir a una mansión en San Isidro donde se realizan muchas publicidades. Llegamos como a las tres de la mañana.

Estaba todo preparado; había gente corriendo de acá para allá. Las luces y todo el set estaban listo. A las seis de la mañana, comenzó la filmación; yo, para ese momento, no sabía exactamente cuál era el rol que iba a tocarme. Lo único que me habían dicho era que iba a usar un short de baño y la pileta… ¡pero no creí que entraría al agua, porque era invierno! Inocente de mí… El director era Pucho Mentasti, uno de los mejores directores de Argentina, quien también trabaja en el exterior (muy respetado y querido). Lo conocí ahí mismo y me dijo: "Dale, Ezequiel, métete al agua". Eran las seis de la mañana en pleno invierno. Pero ese era mi trabajo; no podía quejarme… no tenía chances de decir que no. En resumen, lo único que hice fue obedecer. El agua estaba congelada; yo tenía que salir de la piscina tomando un vaso de jugo, después de haberme sumergido bajo el agua. Comenzaron a realizar una toma tras otra, sumergirme y salir, y así estuve hasta las ocho. En definitiva, estuve dos horas metido en agua helada. Recuerdo que, cuando salí, enseguida las vestuaristas me abrazaron con una manta, y a una de las chicas se le ocurrió darme un whisky para entrar en calor. Me tomé todo el whisky, y entonces no solamente tenía frío —casi una hipotermia— sino que, además, estaba mareado… ¡no sabía ni dónde estaba parado! Terminamos como a las tres de la tarde. Después de eso, la agencia me dijo que el director estaba muy contento conmigo y me avisaron que venía un casting para una publicidad muy importante de Axe Adrenaline con el mismo director. Él llamó a la agencia diciendo que, en realidad, me quería a mí como protagonista, y fui convocado directamente.

Una de las cosas más importantes que capitalicé y quiero subrayar es que aprendí a cumplir: me encargaban algo, y yo lo hacía, aceptaba. De hecho, muchos directores se quejaban de algunos modelos que no querían hacer tal o cual cosa. Entre mí pensaba: "¿Cómo puede ser, si los están contratando para eso? No hay chance de decir que no". Si bien era joven, tenía las cosas bastante claras: es un trabajo, me están pagando, me necesitan a mí porque van a elaborar un proyecto específico; por lo tanto, tengo la responsabilidad de cumplirlo. Eso fue generando en mí un sentido de la responsabilidad, una fuerte respuesta profesional, aun teniendo 18 años. La idea era generar un sentido profesional de la responsabilidad; si me tenía que quedar ocho o nueve horas filmando, me quedaba, incluso toda la noche. La responsabilidad es un valor, una cualidad propia de todo ser humano que cumple con sus obligaciones, con plena consciencia de sus actos. Responsable es quien entiende las consecuencias de hacer o dejar de hacer lo que promete; es saber comportarse de manera correcta y garantizar el cumplimiento de los compromisos adquiridos, generando confianza y tranquilidad entre los demás, porque realiza correctamente su trabajo a lo largo de su carrera.

Un líder responsable sabe que la honestidad, la justicia, el respeto, la solidaridad, la templanza y la puntualidad son valores que se anteponen al cumplimiento de sus derechos y obligaciones. Es quien observa siempre sus principios éticos y morales hasta alcanzar el éxito. La responsabilidad no se puede compartir, delegar, prestar, disponer o esconder porque, si lo haces, si intentas liberarte de tus obligaciones y responsabilidades, descargando la culpa en otros —un acto de cobardía—, irás directamente al fracaso.

Debo reconocer que eso fue lo que más aprendí en aquella etapa como modelo, ya que hoy en día mantengo ese mismo criterio: si tengo la responsabilidad al frente de un gimnasio, lo tengo que llevar adelante como sea. Si asumí la responsabilidad de otorgar una certificación,

¿cómo hago para concretarla de una manera cada vez mejor? Lo tengo que lograr como sea, por esa gente que me está contratando. Asumo el reto con una gran seriedad, haciéndome cargo. Y, si bien puedo cometer errores, no se trata de escaparse y darle la espalda a ese error, sino de tropezar, cometer alguna falta y hacerse cargo del rol que estás desempeñando, de los pasos que diste y del timón que estás dirigiendo. El comando del barco es tuyo; incluso, si chocan, es tu responsabilidad; si te va bien o te va mal, también es tu responsabilidad: no hay otra. La culpa no la tiene otro, ni siquiera el barco… Solo tú eres el comandante a cargo del timón, por lo tanto, el barco responderá a tus manos.

En ese caso, mi barco era mi propio cuerpo, mi propia vida; era mi mundo y mi carrera profesional. Por eso, esta experiencia —que luego me llevó a filmar la segunda publicidad con Pucho Mentasti— vuelve a confirmar lo que estoy explicando: estoy acá por algo; esta persona me convocó porque confía en mí.

En la siguiente ocasión me hicieron ir a un campo en Ingeniero Maschwitz. Llegamos temprano y me dijeron que iba a estar adentro de un giroscopio… Un giroscopio es un aparato de tres aros que, cuando se sueltan, comienzan a dar vueltas como si fueran átomos. Yo tenía que estar en el medio de esos aros, atado de pies y manos, a 4 o 5 m de altura sobre una torre. Cuando llegué y vi la torre con el giroscopio, noté que también había dos dotaciones de bomberos… A esa altura ya no entendía bien qué pasaba. Les pregunté a las chicas del vestuario: "Los bomberos, ¿para qué están?". "Es para una de las escenas", me respondió una. "¿¡Cómo!?, ¿me van a tirar agua encima… me van a echar agua con las mangueras?!". "Sí, algo así". Subí a la torre, y me explicaron que podía manejar ese aparato con un control; oprimiendo hacia la derecha, el giroscopio se dirigía a la derecha. Si manejaba el cuerpo para un lado, lo podía hacer girar más rápido, ya sea para un lado o para el otro. Las tomas eran así: "Gira para acá, haz esto; toma 2: haz aquello, gira para otro lado; toma 3: ahora gira para adelante" … y así sucesivamente. Pasé dos horas girando y girando continuamente. Y, por supuesto, empecé a marearme. Claro, hay gente que lo resiste bien, pero yo enseguida me mareé. Al salir del giroscopio, estaba tan mareado que no sabía ni dónde estaba parado. Las dos vestuaristas tuvieron que sujetarme de los hombros porque no podía caminar bien. Cuando me senté, tuve que tomar dos comprimidos para los mareos, de los que te dan cuando viajas en avión. Tomé un poco de agua, ya que no podía comer nada, y tuve que quedarme una hora sentado para recuperarme. ¡La cabeza me daba vueltas! Cuando creí que habíamos terminado, me avisan: "Dice Pucho que todavía queda una escena más, ¿estás listo?". Pero yo no podía más. Sin embargo, dije: "Sí, ya estoy".

A veces sirve ser un poco tenaz; un acto realizado con tenacidad me lleva a observarme y a descubrir si vale la pena seguir repitiéndolo o si, más bien, debo corregirlo. Es a fuerza de constancia que se crea un hábito.

La siguiente escena era peor que la primera, porque ya era de noche y tenía que seguir girando. Ahora los bomberos me tiraban agua de los dos lados como si estuviera lloviendo torrencialmente, y yo, girando en ese giroscopio de un lado al otro. Cuando terminó la escena, todos —desde el director hasta los ayudantes y los cámaras— me aplaudían porque no podían creer la cantidad de tiempo que había aguantado girando; me la banqué lo más bien. En definitiva, Pucho, el director, quedó encantado y, en cada video que le tocaba dirigir a él, me pedía que participara.

Con esto quiero decir que tu criterio, tus acciones y tu responsabilidad repercuten en el otro. Incluso el buen criterio repercute más. Debo reconocer que así fui abriendo puertas, tratando siempre de hacer las cosas lo mejor posible para repercutir en el otro y lograr que otros me eligieran. Todos buscamos ser reconocidos; esto es un poder realmente muy fuerte para estimular la acción humana y social. Sin embargo, no trabajes por el reconocimiento, pero haz un trabajo digno de reconocimiento.

FUERZA Y AUTORIDAD

Hay dos aspectos básicos a tener en cuenta en el Club de la Fuerza: la faceta técnica y la social. En cuanto a lo técnico, las bases consisten en buscar la mayor perfección posible en cada ejercicio. Este es uno de los objetivos que caracterizan al Club. En los torneos, los atletas son muy técnicos. Los fundamentos están en saber cómo apoyar los pies, cómo tomar la barra en una sentadilla, como respirar, etc. En cuanto a lo social, en la estructura interna del Club, el principiante debe ajustarse a ciertos parámetros con los cuales debe manejarse, teniendo en cuenta que pasará por los distintos niveles: los principiantes, los atletas que ya afrontaron algunas competencias y los atletas consagrados. Algunos de ellos ya son campeones sudamericanos o campeones mundiales. Esto requiere de mi parte estar atento a los diferentes abordajes que tiene el liderazgo, y cómo utilizar cada uno de estos según con quién esté tratando. Es importante manejar el tiempo, así como también el momento oportuno.

Al principio, el trato se basa más en la autoridad, señalando una línea estricta para poder formar en ellos una clara disciplina que les permita aprender de qué manera transitar el camino. Es preciso enseñar cada cosa que deben hacer, cuáles son las reglas del Club —el vínculo con sus compañeros, el cuidado del equipamiento, el respeto a sus entrenadores— y, a medida que van avanzando, el trato del líder cambia. Es un criterio de liderazgo por el cual hay momentos en que actúas como un seguidor de tu atleta (ahora el atleta es quien pasa a ser el líder de su propia acción). Esto significa que, si no puedes ser seguidor, tampoco podrás ser líder. Por momentos serás tú quien lidere, y por momentos el que lidera será el mismo atleta, cuando ya se independiza.

En otras palabras, hay un punto en que el atleta llega a ser independiente y puede manejarse de forma autónoma (incluso comienza a dar un lineamiento a otros compañeros), puede optar por determinado equipamiento, y llega incluso a dirigir al equipo. Procuramos lograr que sea su propio guía, sin estar pendiente de su entrenador, siempre y cuando las bases sean sólidas. Esto les permitirá perdurar dentro del Club. Por supuesto que existen bastantes reglas que deben cumplir, ya que, al no cumplir alguna de estas reglas, se van alejando un poco del equipo. En definitiva, con esta formación, estamos generando formar un sentido de pertenencia.

Recordemos que esto ocurre siempre atravesando cada etapa. La duración de dichas etapas depende de cada uno de ellos. Ninguno de nosotros establece plazos. De hecho, ocurrió que algunos ingresantes, en dos años, llegaron a ser campeones sudamericanos, incluso campeones del mundo. Luego, como ese atleta avanzó relativamente rápido, nosotros también avanzamos con él. A eso me refiero al decir que usamos otro abordaje en el estilo de liderazgo, para poder entenderlo y lograr una comprensión mutua. En algún sentido, esto les permite una mayor participación. Pero insisto en que al principio siempre se deben solidificar las bases que sustentan la disciplina: tú escuchas, yo te doy lineamientos, te indico el camino, establezco los objetivos a corto, mediano y largo plazo; luego veremos cómo te vas desarrollando en este aspecto.

En el Club de la Fuerza ya contamos con atletas que llevan de 5 a 7 años de crecimiento, y a los cuales los consideramos líderes. Creemos que uno debe ser formador de nuevos líderes, a tal punto de darles la posibilidad de dirigir un equipo propio. Y esto ya está ocurriendo en nuestro gimnasio. Hay atletas que llevan años con nosotros y saben bien qué es lo que busco, lo que quiero lograr, de modo que ya están en condiciones de dar lineamientos al resto del equipo, o de señalar el camino a los nuevos ingresantes. Sinceramente, me parece algo formidable. Pero eso solo se logra porque comprendieron las bases del principio: desde cómo sujetar la barra hasta cada aspecto del desempeño competitivo.

Algo que siempre hago con los atletas que llevan años con nosotros es presentarles un panorama de la agenda anual, un esquema general del año en curso. En cambio, a los principiantes les señalamos el programa de cada semana, les damos indicaciones mensuales e instrucciones diarias. El atleta ya formado necesita conocer cuál es el plan para el año. Es decir que les brindamos un abordaje más estratégico, a través de una charla informativa, donde planteamos cuáles son las metas y las expectativas anuales. En ese encuentro tienen la oportunidad de expresarnos sus propias expectativas —incluso evaluamos cuántos kilos desean aumentar a lo largo del año— y tienen la oportunidad de comunicarnos las mejoras técnicas que se propusieron implementar para sí mismos.

A partir de eso delineamos una lista de objetivos anuales, y los ordenamos y los graduamos por bimestre o por trimestre. También anotamos las fechas de las competencias de ese año. Esto es algo muy importante para el equipo, porque planifican y se mentalizan desde el punto de vista estratégico y programático: desde enero hasta diciembre saben básicamente lo que van a hacer. Además, esto permite regular las energías y ser conscientes del esquema de entrenamiento, de medir sus propios indicadores de estado, etc. Cada uno es consciente de la adquisición de la forma en la cual yo quisiera que ganen kilos y perfeccionen su técnica. Se trata de una fase que abarca entre 3 y 5 meses. Esa es la base de esta etapa, los fundamentos para que rindan mejor a lo largo de cada año. Mientras más firmes sean estas bases, los resultados logrados mejoran a lo largo del año. Mientras más sólidas sean las bases, más grande es la pirámide, más amplia será la pirámide de alto rendimiento, se podrá soportar más carga y llegar bien a fin de año. En el entrenamiento deportivo, la planificación es un arte. Si bien hay una estructura, dentro de esa estructura hay flexibilidad. Esto lo llamamos "estrategias emergentes". Significa que hay un conjunto de acciones, un patrón involuntario que no fue anticipado o previsto en la fase de planificación. Por eso insistimos en que la fuerza se entrena día a día y los resultados se ven por plazos. Hay días en los que nos va bien, y otros en que nos va mal, pero nunca se pierde. El miedo de los entrenadores es creer que, si no se cumple el entrenamiento del día, quedarán lejos del objetivo, y no es así. En realidad, estás acercándote a ese objetivo y respetando los tiempos de cada atleta. Antes —y aún hoy— algunos entrenadores bajaban una línea de trabajo y la tenías que obedecer. No importaba si te sentías mal o bien; la tenías que cumplir.

Por ejemplo, los rusos y los búlgaros tienen culturas más frías y alinean a su gente de acuerdo a un plan estricto. Aunque te sientas mal, debes cumplirlo. Yo antes era así, pero cambié mucho. Hoy prestamos más atención al atleta, porque aprendimos que a cada persona atraviesa situaciones que van afectando su rendimiento día a día. Antes de comenzar a entrenar, les pregunto cómo están, cómo se sienten, y así voy organizando el programa del día. Por eso, en las reuniones, una vez que se determinan los objetivos individuales y grupales, les expreso cuáles son mis expectativas para ellos, y a partir de allí nos volvemos a reunir cada dos meses para ver cómo se sienten, qué cosas tienen que cambiar, qué dudas tienen, en qué aspectos se sienten más cómodos. Manejamos un trato diario e individual y voy observando cómo evolucionan para hacer ajustes. Cada atleta mantiene su propia rutina semanal; pero, si observo que podría mejorar en algo, la modifico en el momento. Por eso digo que todo es flexible. La pregunta fija es "¿Cómo te sientes hoy?". Y, luego, "¿Qué te parece si exigimos un poco más?". Si no puede, no hay problema. Los atletas dicen la verdad, no mienten. Si se equivocan, suelo darme cuenta porque los observo, y tratamos de ajustar el plan.

Cuando uno va al médico, el doctor tiene la función de curarte; cuando haces kinesiología, el kinesiólogo te rehabilita; el nutricionista te tiene que enseñar a comer. Bueno, mi función es ponerte más fuerte; no puedo ser un psicólogo. Mi función está clara; lo demás pasa a segundo plano. Si chocaste, muy bien… baja del auto y ven a entrenar caminando. Siempre tengo que estar un paso adelante, tratando de sacar a estas personas de la vida cotidiana para alcanzar un objetivo extraordinario. No importa cómo sea. Actualmente llevo formados unos 20 entrenadores profesionales que se están desempeñando en nuestro país; gente que comenzó haciendo entrenamiento de fuerza conmigo, y no pudo dejar nunca más la disciplina. Hoy son excelentes profesionales.

FUERZA Y GÉNERO

En general, cuando las mujeres iban a un gimnasio, se sentían observadas e invadidas; esta era una de las quejas que más escuchaba. Pero eso no ocurre en el Club; las chicas nos dicen que se sienten cómodas porque nadie las mira, nadie les habla, no las molestan. Cada una es muy independiente; eso les gusta y es algo que siempre cuidamos. Si vemos que algún muchacho se está acercando mucho a una chica, enseguida lo hablamos: "Entrena solo". ¡Y a veces me pongo serio! Tenemos más de 50 mujeres atletas, y ellas han formado un buen equipo dentro del Club al poder entrenar cómodamente. Muchas vienen de otros gimnasios porque se sienten más tranquilas, más cuidadas. En ese sentido, estoy muy satisfecho: nunca tuve una queja. Y yo mismo me acerco a cada una para dialogar. No hay chistes de mal gusto, de doble sentido; el trato es sumamente respetuoso. Cuidamos no solo la técnica, sino también las actitudes, el criterio y los gestos. Hemos logrado mantener bien ese aspecto, y las mujeres están conformes.

Por experiencia, descubrí que resulta más fácil entrenar a una mujer que a un varón. Ellas suelen ser atletas más dóciles e ir más al frente; son más guerreras, soportan más el dolor. Está demostrado que pueden tolerar más volumen de trabajo, más intensidad y más peso que el varón. Y eso expande las posibilidades. Otro aspecto del que me di cuenta es de que uno como entrenador es muy importante en la vida de ellas, y te consideran un gran referente. Podríamos decir que la mayoría nos ve como un padre, como un psicólogo, como un amigo. Debido a esto, debo tener cuidado con las palabras que les digo porque las toman muy en serio.

Las chicas que eligen levantar pesas ya cuentan con una fortaleza interna, distinta al común denominador. He visto que algunas mujeres que eligen un deporte tan duro como las pesas tienen personalidad muy fuerte, o tienen un vínculo conflictivo con su padre o, por el contrario, un vínculo de mucho apego con su padre. Si bien tienden a ser más inseguras que los varones —necesitan que las acompañes y que siempre las estés afirmando—, lo viven desde un punto de vista positivo. No conviene marcarles mucho los aspectos negativos porque lo toman en serio. Siempre procuro reafirmarlas positivamente. Cuando enfatizamos mucho lo negativo, pueden desmotivarse. La palabra, en general, tiene que ser cuidadosa; en determinadas personas, ciertas palabras se convierten en algo parecido a un taladro en su mente: cada pensamiento sigue dándoles vuelta, y comienzan entonces a sentirse mal y a perder confianza en sí mismas.

El científico japonés Masaru Emoto llevó a cabo un experimento y descubrió algo para reflexionar. Estudió el impacto y forma en la que reaccionaban las gotas de agua, con relación a las emociones humanas externas. Su experimento consistía en asociar determinadas gotas de agua a una palabra que podría ser positiva ("amor", "cariño", "gracias") o negativas ("Te odio", "Déjame", "Me molestas", "Mentira"). Después de haber aplicado estas palabras a las gotas de agua, observó en el microscopio cómo evolucionaban los cristales de agua y, curiosamente, las gotas de agua tratadas con palabras positivas mostraban figuras preciosas como diamantes, como copos de nieve, perfectamente delimitados, mientras que las gotas de agua sometidas a palabras negativas tenían cristales de formas menos definidas, e incluso mostraban formas caóticas. Esta experiencia puede ayudarnos a pensar el impacto que provocan en el receptor las palabras que emitimos.

Asimismo, observé que ellas tienden a ser más dependientes del entrenador, lo cual tal vez se contrapone con lo que digo acerca de que el atleta debe procurar ser independiente de su entrenador. En este caso, me fijo un poco más en cuándo es el momento de decirles que van a ir solas a competir. Por ejemplo, me ocurrió con atletas nuevas de mi gimnasio, a las que les avisé que yo no iba a acompañarlas a competir, y se sorprendieron: "No puede ser… ¿Cómo que no vas a acompañarnos?". Yo les aclaro que van a estar contenidas por sus compañeras de equipo, y entonces comprenden. Pero noté que muchas de ellas necesitan que su entrenador/a las acompañe.

En algún sentido, entrenar mujeres me resulta más fácil: cuando sienten dolor, no te lo demuestran: son más valientes que el varón. Pero debo tener cuidado porque me ocurrió que algunas chicas no me dijeron que estaban sufriendo algún tipo de dolor, y terminaron lesionadas. En algún sentido, me gusta que se desafíen sin importarles nada. Por mi parte, trato de ser un poco más paciente con ellas, ya que buscan seguridad en su entrenador o entrenadora; si te ven débil, empiezan a dudar acerca de quién es el que les está dando la orden. Me lo han dicho ellas mismas: "Lo que nos das cuando vienes y nos dices claramente qué quieres que hagamos, y nos validas diciéndonos que vamos a poder lograrlo es seguridad". Les gusta que haya una rutina clara y disciplinada y que el entrenador sea estricto, pero que a la vez se siente a escucharlas porque siempre tienen algo interesante para decirte. Esto está muy bueno, y a mí me parece muy valioso. Por momentos, desde mi rol de entrenador, necesito relajarme y solamente escucharlas para saber qué es lo que me quieren decir. Con los varones quizás hasta llegamos a discutir, pero con ellas no; entendemos mejor nuestros puntos de vista. Y, compartiendo nuestras debilidades, las convertimos en fortalezas.

Las mujeres son atletas con temple, bastante tranquilas. Los varones tienen más días malos; de hecho, a veces llegan bajoneados y te lo dicen. Pero, respecto a lo hormonal, y con relación al entrenamiento, no veo diferencias. Ellas entrenan exactamente igual que ellos. Sé que hay entrenadores que toman como referencia el ciclo menstrual para regular la carga de peso; pero cada mujer es un mundo diferente, y eso pude observarlo en la práctica. Hay chicas que durante su periodo menstrual se sienten más fuertes; hay otras que necesitan descansar un día. Aunque la mayoría de ellas me dicen que están ok. Eso es algo que también debo saber; por eso es preciso generar una confianza con cada una de ellas, desde lo personal y desde lo profesional, para que puedan comentarme cuándo comienza su ciclo y cómo se sienten. De esa manera procuro lograr que todos/as tengan llegada directa a mí como entrenador; eso es muy importante. Incluso puedo prevenir y avisarles que, cuando se sientan mal, me avisen. Una persona pudorosa no va a querer decírmelo. Sin embargo, en general, las chicas tienden a confiar y a decirme cómo están día a día, cuándo no se sienten bien o no están listas, o están desanimadas. Y por lo general responden bien.

Desde hace algunos años tengo reglas particulares en el Club. Una de estas es que a las chicas no se las ayuda por ser chicas: no son débiles. Lo saben ellos y lo saben ellas. Por ejemplo, si tienen que cargar una barra para desplazarla, lo tienen que hacer solas; no debería haber varones que ofrezcan ayuda porque el mensaje es negativo. Ellas comprenden bien ese aspecto, y esto genera una equidad, que no es lo mismo que igualdad. Una equidad entre todos y todas. Cuando veo un varón que ofrece ayuda, yo mismo les marco: "No, por favor, deja". Y a la larga todos se sienten bien.

Recuerdo una anécdota que me quedó grabada… Una de mis atletas hacía levantamiento olímpico; con ella fuimos juntos al Club Boca Juniors a visitar a un gran entrenador para que la viera y nos indicara qué aspectos podía mejorar. Comenzamos a visitarlo una vez por semana. Un día, a ella se le cayó la barra al piso; me miró y me dijo: "¿Me ayudas?". Cuando intenté ir para ayudarla, este entrenador enseguida me dijo: "No, no la ayudes; la tiene que levantar sola". Retrocedí, y ella me miraba como diciéndome: "No la puedo levantar sola". Yo le abrí grande mis ojos como diciéndole: "Levanta esa barra ya, por favor". Luego de cuatro o cinco intentos, logró cargarla en sus hombros y la pudo poner en su lugar. Allí aprendimos que, si presionas un poco, responden. De algún lado van a sacar esa fuerza que necesitan para encontrar una solución rápida. Esta es otra de sus características: encuentran una solución rápido, son más prácticas.

En general hay que comprender no solo la psicología del varón y de la mujer, sino saber entender a cada persona. Cada persona es un mundo diferente. Y ese conocimiento lleva su tiempo. Es necesario sentarse con la persona, escucharla, saber cuáles son sus miedos, sus objetivos, su historia, si la persona entendió lo que tú esperas acerca del plan de trabajo. Pero algo que ellas me dijeron claramente es que prefieren el orden y la disciplina, que el entrenador marque el paso. Y me lo dicen ellas mismas: si otra persona les dice algo, no le hacen caso; la orden tiene que venir de quien la entrena, que les haga pensar: "Este entrenador me lleva por buen camino: eso es lo que quiero". Resulta muy interesante porque también nos da la libertad para plantear un objetivo y saber qué camino abordar. Una vez planteado el programa, te siguen sin dudarlo; son más dóciles para moldearse y son más accesibles.

Asimismo, son más empáticas: cuando ellas también ven mal al entrenador, saben comprender, ponerse en el lugar del otro, como una madre. En ese sentido, el hombre es más distante. Muchas veces, cuando yo mismo estoy mal, los varones no se dan cuenta, y ellas sí. Me preguntan en el momento justo. Pero, para que ese momento llegue, uno tiene que haber dado la posibilidad de que ellas accedan a esa confianza. Podríamos decir que es importante generar esa apertura para que las atletas puedan acercarse y preguntarte cómo estás. De hecho, hay entrenadores a los cuales no se les puede hablar, y nadie se les acerca porque mantienen la distancia. Pero una de las cosas importantes que aprendí es darle a la gente la oportunidad de que se acerquen y conversen. Hoy soy más accesible como entrenador. Y esto se debe a que cada año trato de mejorar, ya que el mundo y las personas cambian, como dice Mercedes Sosa: "Cambia lo superficial, cambia también lo profundo, cambia el modo de pensar, cambia todo en este mundo, cambia el clima con los años, cambia el pastor su rebaño y, así como todo cambia, que yo cambie no es extraño…".

Si bien existen algunas pequeñas diferencias a nivel ejercitación, el entrenamiento es igual para varones y mujeres. Aunque las cargas y los volúmenes son diferentes, a veces son un poco mayores en las mujeres. Tratamos de enfocarnos en lo que las atletas prefieren trabajar. Algunas prefieren trabajar más piernas y glúteos; si bien quieren cobrar fuerza y levantar mucho peso, también quieren verse estéticamente bien. Algunas deportistas quieren reducir su grasa corporal y van a una nutricionista, se cuidan más; me preguntan cuándo pueden hacer más aeróbicos. Hoy, gracias a las redes y a la información global, la mujer se está acercando más a la musculación, y muchas más mujeres se animan a estar más musculadas, a levantar peso y sentirse mejor. Ya no pretenden, como se decía antes, tonificar. Buscan ver músculos en sus hombros, espalda y piernas, porque se sienten bien. Incluso comenzando después de los 40 años de edad, aparte de sentirse bien, van a mejorar el estado de sus ligamentos y de sus tendones, fortalecer la parte ósea para evitar osteoporosis. Esto se puede corregir y solucionar con peso, y musculando. Una vez que las atletas empiezan a ver los músculos en su cuerpo, les encanta. Hoy podemos observar que las mujeres se animan a tener más músculos en su cuerpo.

LA FUERZA EN BRUTO

En general, existe la idea de que los que levantan pesas son brutos. Esto me recuerda que hace un tiempo había escrito algo acerca de la soledad del gimnasta de pesas. Pensemos que se trata de una disciplina en la que tomamos muchas decisiones solos: horarios, rutinas, cantidad de peso, qué entrenador elegir, a qué atletas seguir, qué tratamientos elegir, a qué campeonatos inscribirse. Es decir que se trabaja desde la soledad; en ese sentido, muchos creen que pensar insistentemente en un mismo tema es "ser obsesivo". En realidad, para llegar a ser el mejor, para llegar a ser un atleta realmente fuerte y entrenar en serio, tienes que ser un poco obsesivo. Quien aspira a lograr algo importante tiene que "obsesionarse" por lograrlo. Aunque la obsesión parezca mala, se trata de una serie de mecanismos que utilizamos todos los deportistas de alto rendimiento. Necesitas esa especie de obsesión para alejarte de lo que te distrae, incluso a veces de tus propios amigos. Muchos competidores se alejan de las fiestas, etc., porque se enfocan en la acción y no les queda lugar para distraerse. El concepto que mejor expresa este abordaje es la concentración, y sabemos que se aplica a muchas disciplinas.

Por esa razón, cuando surge un atleta potencial, suele parecer "bruto". Desde otro punto de vista, es verse a sí mismo como un diamante "en bruto" que requiere ser trabajado. En definitiva, lo que vemos como un diamante es, en realidad, una piedra que fue esculpida hasta llegar a ser un diamante. La palabra es la misma para ambos casos: es bruto algo que no tuvo tratamiento, que aún no fue moldeado, pero que tiene potencial. Sin embargo, nunca se obtendrá un diamante sin una piedra en bruto. Es muy conocida la expresión de Miguel Ángel cuando decía que, al crear una obra, él imaginaba la figura antes de empezar; y, simplemente, sacaba lo que sobraba de la piedra para que la obra quedara en libertad. Es como desenjaularla y dejarla volar; una vez esculpida la obra, ya no es "de él": ahora es libre ante todo el mundo. Las maravillosas obras de arte de Miguel Ángel —como el *David*— antes eran solo una enorme piedra. Aunque las proporciones, los detalles y la expresión sean perfectos, no se agregó nada; solo se quitó lo que sobraba. Esto habla del proceso de formación de una piedra en bruto, hasta llegar a ser un diamante o una obra de arte.

Incluso desde lo humanitario mostramos que, en el interior de un cuerpo fuerte y musculoso, se esconde también la compasión por la gente. Siempre que veo gente durmiendo en la calle, me afecta, me pone muy mal. Cuando era chico y pasaba por Plaza Constitución —una terminal de trenes de Buenos Aires— oscura y sombría, veía los niños de noche en la calle, entonces les compraba comida y me sentaba a comer con ellos. Hace unos años, mientras viajaba en colectivo, observé la entrada de un hospital y vi el ingreso al sector de pediatría. Como estábamos a pocas semanas del Día del Niño, al momento de publicar una historia en Instagram, se me ocurrió proponer una colecta de juguetes: "El último sábado de este mes, daré una charla a beneficio; el fin será para recaudar juguetes para repartir el Día del Niño". Luego contacté a otros profes, colegas y preparadores físicos, hasta que llegamos a ser un grupo de cinco o seis, todos conocidos del ambiente. Les propuse sumarse a la charla; y enseguida empezó a anotarse gente. El lugar que elegimos tenía capacidad para 40 personas; en las primeras tres horas ya teníamos 40 inscriptos. El día del evento, los profesores que iban a dar sus charlas traían bolsas y bolsas de juguetes. Llegaron juguetes del interior del país: vino gente de Tucumán, un muchacho que se dedicaba a hacer labores de beneficencia en Jujuy, etc. A los tres días de publicada la historia, llegó por correo una caja a mi nombre; luego un mensaje al celular de parte del remitente… Tenía libros, juguetes y otros regalitos para niños; todos eran artículos nuevos. Incluso vinieron algunos padres con sus nenes, que me dijeron: "Ezequiel, este juguete era de mi hijo, pero ya no lo usa más", y el nene me lo daba en mano. En definitiva, participaron 65 personas; el lugar desbordó: la gente estaba sentada en las escaleras, algunos quedaron afuera, o escuchaban parados. La charla fue sobre entrenamiento de fuerza y nutrición, pero siempre dando un enfoque en los valores y aspectos más profundos. Cuando hicimos el conteo final, habíamos llegado a 500 juguetes. Una parte fue para el hospital; otra fue a la villa 11-14 —donde los llevé personalmente a unos comedores infantiles que celebraban el Día del Niño— y también a una ONG a cargo de unas jovencitas que desde hace años atienden mensualmente a una población marginal; allí compartimos la tarde, merendamos, jugamos y repartimos los regalos personalmente. Hoy ya soñamos con sumar una fundación al Club de la Fuerza.

La mejor manera de aprender de otros es observar, y la solidaridad se transmite con el ejemplo. La gente te empieza a seguir, no porque eres "puro músculo", sino porque piensas, tienes buen corazón y transmites las cosas con transparencia. Eso contrarresta la "brutalidad" negativa asociada al ámbito del gimnasio. A primera vista, pareciera que el entrenamiento de la fuerza no es compatible con las labores sociales, el pensamiento y la formación personal. Por lo tanto, esta línea de acción no solo genera solidaridad, sino que contrarresta ese criterio.

Uno de los desafíos que tengo por delante es formar una generación de atletas que tengan un sentido de vida, una perspectiva de pensamiento y un criterio que incluya el corazón. Esa es una de las razones por las que comencé a formarme en el ámbito del liderazgo a nivel profesional. Eso solidifica la formación que les damos a los entrenadores. Debemos capacitarlos para que cuenten no solo con la técnica, sino con una razón de vida que enmarque el desempeño deportivo. Comprender cómo transcurren los procesos, cómo se solucionan los problemas y cómo se resuelven los conflictos son cuestiones que en general los entrenadores y los preparadores físicos no manejaban. Sin embargo, apenas te recibes —por ejemplo— de profesor de Educación Física, te toca liderar un grupo.

En general, podría decirse que, en la formación física, la enseñanza sobre liderazgo y dirección de equipos es solo para algunos. Son temas poco abordados en la capacitación; por ende, la mayoría comete serios errores como líder, al no saber cómo manejarse. Por ejemplo, hoy la cuestión de género cobró mucha relevancia y debemos aprender a tratar con todas las orientaciones de género. Los entrenadores se ven obligados a aprender sobre este tema; pero no saben bien cómo hacerlo. El trato con nuestros atletas, el *timing* mientras están entrenando, todo nos deja expuestos. Se trata de cuestiones delicadas, sobre todo porque estamos muy cerca de la gente. De hecho, en China, los entrenadores corrigen a sus alumnos usando un bastón, y así tocan las diferentes partes del cuerpo a corregir. Esto genera en el aprendiz que su mente sepa cómo posicionar el cuerpo en cada fase del ejercicio, reconociendo su cuerpo en el espacio, guiados por su entrenador, pero sin "contacto físico".

Hoy, que ya estoy formando a otros entrenadores, reconozco lo positivo de todos los líderes que tuve, incluso de mis maestras de primaria, profesores de secundaria, y los docentes de educación física: todos ellos me contagiaron la pasión por su profesión. De hecho, me encantaban las clases de Educación Física en la escuela, porque el profesor me inspiraba. Fue ese mismo profesor el que me impulsó a estudiar el profesorado de Educación Física; su nombre era *Gabriel*. Enseguida decidió nombrarme capitán del equipo; no sé bien por qué, pero desde chico fui asignado a roles de liderazgo. En casi todas las actividades deportivas fui capitán. Asimismo, cuando jugué al fútbol, fui capitán del equipo. A mis 12 años entrenaba en el Club Atlético Independiente de Burzaco; jugaba de número 2 y, aun desde la defensa, siempre tuve actitud de liderazgo, y por eso fui nombrado capitán. Luego, en el equipo de handball de la escuela, también me nombraron capitán. Debuté en primera división de fútbol a los 16 años en el Club Brown de Adrogué; pero en la reserva de mi división yo fui capitán.

Como era muy alto y tenía mucha actitud, siempre me asignaron a divisiones más grandes. Por ejemplo, tenía edad para séptima división, y me asignaban a quinta, o a la reserva. Creo que esto fue clave para mi formación, porque siempre me formé con compañeros más grandes: tenía 15 años y mis compañeros tenían entre 25 y 30. Eso no solo se ve en el césped, sino también en el vestuario. A los 16 años, cuando debuté en Primera división, no solo fue por mi físico, sino también por mi mentalidad. Después, cuando cumplí 17 años, fui a probarme a River Plate, y entré. En ese momento me probó Pitarch, que en aquel entonces era mano derecha de Passarella (cuando Passarella estaba en la Selección Mayor). Yo estaba en cuarta y quinta división; jugué un año, y fue muy duro para mí porque solo me hicieron jugar en dos partidos. Claro, tenía que superar al titular de mi puesto; pero era alguien amigo del director técnico y venía jugando desde chiquito (algo muy común en el fútbol). Igualmente, fue una buena experiencia.

Sin embargo, recuerdo haber tenido entrenadores difíciles… Recuerdo que, en River, uno de los entrenadores nos dijo: "Ahora todos van a tirar centros por la izquierda, pero pateando con la izquierda". Cuando iba por la derecha y tiraba centros con la derecha, me salían bien porque soy diestro. Pero, cuando nos hizo tirar a todos con la izquierda, le pegué mal a la pelota. Repetimos, y ocurrió lo mismo. El entrenador tenía unos cuadernos en su mano y estaba parado en medio de la cancha. Empezó a gritar: "¡Hijos de p***!". Revoleó sus cuadernos mientras gritaba: "¡Vengan para acá!". Nos acercamos asustados. Entonces, señalando con el dedo a lo lejos el estadio Monumental, dijo: "¿Ven eso? ¡Vean bien eso! ¡Ahí ustedes no van a jugar nunca por ser unos hijos de p***!". Yo me quedé mirando y pensaba: "Bueno, si lo dice él, entonces ahí no jugaré nunca". En aquella época no era tan extraño recibir ese tipo de maltrato de parte de un entrenador; pero algo dentro de mí me enseñó que nunca debía hacer eso cuando me tocara entrenar a otros.

La manera en que nosotros somos como líderes es resultado de cómo fuimos formados por otras personas a lo largo de nuestra vida. Es cierto que yo fui copiando muchas de esas cosas. Todas estas personas fueron rígidas, rigurosas, insensibles y de trato muy duro. Por eso, al principio, me convertí en un entrenador insensible y duro; no me importaba cuando a un gimnasta le dolía alguna parte de su cuerpo; le decía: "Aguanta y sigue entrenando". De hecho, la directora de mi escuela también era muy dura; me parecía una persona mala. Pero ahora, de grande, puedo darme cuenta de cuál era su parte más humana. Recuerdo que, si nos mandaban a dirección, nos hacíamos pis encima y nos dolía la panza. Ella se llamaba "Cristina". Ojalá ella pueda leer este libro, así como Gabriel, mi profesor de Educación Física.

Mientras jugaba en la reserva y en la Primera C de River, el director técnico cambió, y nos tocó alguien que en aquel entonces había llevado como campeón al Club Platense en las inferiores. Todo el mundo nos avisaba: "Miren que es un entrenador difícil". Recuerdo que, no bien llegó, nos desafió duro; incluso había llevado jugadores de Platense para suplantar a algunos de nuestro equipo, y eso no nos gustó nada. Cada uno tenía que defender su puesto frente a otros jugadores nuevos. En el primer entrenamiento, nos dijo: "Bueno, muchachos, esto va a ser duro, así que dejen de mariconear; pónganse los botines, porque acá se entrena en serio". Y vimos que, a lo largo de la cancha, había colocado una especie de estaciones: unas postas ubicadas en el arco, en los laterales, en el centro, en el área, etc., con palos, vallas, conos. Colocó pelotas por todos lados; nosotros mirábamos y no entendíamos nada. Entonces, se paró frente al grupo, y dijo: "¿Saben cómo se llama esto? *La olla del diablo*, porque de acá nadie sale vivo". Estuvimos casi tres horas corriendo, saltando sin parar de una posta a la otra… ¡no terminaba más! Ahí entendimos por qué se llamaba "la olla del diablo" … Era, literalmente, un infierno; terminabas muerto. Ese director técnico estuvo toda una temporada. En una de las charlas nos dijo: "En el fútbol verán muchas cosas que no van a entender; hay cosas que deberían ocurrir, pero no pasan; lo he visto y lo he estudiado… tiros libres que, matemáticamente, deberían entrar al ángulo y muchas veces no entran; incluso la gente grita gol, y la pelota pega en el poste. Hay cosas que no se pueden creer, pero en la realidad no ocurren". En definitiva, eran charlas técnicas que solamente nos desanimaban. Eran retos, regaños y castigos. De toda la temporada solo recuerdo esa charla…

Los deportes de fuerza suelen estar asociados a la violencia, porque con la fuerza uno puede golpear; de hecho, muchos entrenan fuerza para ser custodios de seguridad, etc. Sin embargo, hablar de liderazgo parece contradictorio. Este dilema de la superioridad frente al otro debido a la la potencia física pone de relevancia la formación en el hogar, la contención y la seguridad de tu familia. Muchos jóvenes que ingresan al gimnasio son personas con baja estima. Al verse fuertes físicamente, empiezan a sentirse más empoderados y dominantes. Sin embargo, si no trabajan a nivel interno, seguirán sintiéndose inseguros. Es bueno aclarar la diferencia entre el fisicoculturismo y el entrenamiento de fuerza: son dos actividades distintas. Recuerden que "uno no elige el deporte… el deporte lo elige a uno". De hecho, el culturista se inclina hacia esa actividad porque su propia personalidad es así. Esa perspectiva contradictoria impacta positivamente en aquellos que me escuchan. Insisto: me gusta reinventarme para impactar la visión que la gente tiene, cambiar su punto de vista. Una persona con un físico de atleta de fuerza también puede hablar de liderazgo y de inteligencia emocional.

FUERZA Y DISCAPACIDAD

Tuve la suerte de conocer un grupo de profesionales marplatenses que entrenaban a la selección de Para-Powerlifting. En el levantamiento olímpico hay dos ejercicios: arranque y envión; pero, como ellos compiten en paraolímpicos, no aplican a esa categoría. Su equipo compite en banco plano, porque se trata de atletas que no tienen piernas, o no tienen movilidad debajo de la cintura, o tienen deformaciones en su columna (innatas o por accidentes). Fui convocado para ayudarlos a mejorar el equipo de la selección argentina. Dialogamos acerca del plan que venían trabajando y les propuse cambiar el método, los tiempos, la manera de entrenar, la técnica etc. Personalmente, asistí para supervisar el proceso de cambio, y descubrí que eran chicos y chicas de diferentes edades, con discapacidades y deformaciones muy importantes en sus miembros inferiores. Los entrenadores me fueron contando cada caso para conocerlos mejor, pero lo que más me llamó la atención fue ver entre ellos atletas muy pero muy fuertes. Eso cambió por completo mi visión acerca de la técnica.

Cuando tienes las dos piernas sanas, puedes aplicar una de las técnicas que consiste en apoyar bien los dos pies sobre el piso, con las rodillas flexionadas. Ahora, cuando mis atletas me piden mejorar la técnica, les respondo: "Si vieras al equipo de Para-Powerlifting, no te preocuparías tanto: ellos no usan sus piernas". De hecho, el banco plano no requiere usar las piernas; es solo brazos, siempre acostado, porque tampoco tienen mucho equilibrio.

Gracias a esta experiencia, a nivel técnico, me di cuenta de que mis atletas se preocupan mucho por detalles relacionados con dónde van las piernas, cómo conviene ponerlas, etc. Pero me doy cuenta de que el eje no pasa por esos aspectos; entonces les respondo: "No te preocupes tanto por los detalles; pon las piernas donde puedas, porque el empuje principal lo haces con tus brazos". Este nuevo criterio que estamos aplicando ahora surgió luego de haber vivido esta experiencia. Fue algo definitivo que cambió mi perspectiva. Incluso los estudios biomecánicos sobre el banco plano han determinado que las piernas no son tan importantes como se creía. Sin embargo, no es lo mismo leer un informe o aprender de un estudio que vivir la experiencia...

La discapacidad nos lleva siempre a experiencias transformadoras. Es como ir a la trinchera, al campo de batalla, tener una experiencia de campo. Entre los colegas del ámbito del entrenamiento hay una disputa muy clara: si sirve más la teoría que la práctica. En verdad, es muy importante la teoría; es preciso aprender de la fisiología, la anatomía, la psicología. Tenemos que conocer mucho y leer a los expertos; pero también es muy importante la práctica. Si no vivenciaste el peso en tu cuerpo, es difícil transmitirlo; se puede, pero hay aspectos que se van a perder. Después, esos detalles —cuando tienes muchos kilos en la espalda o en tus brazos, ya son enormes— empiezan a notarse. Por otro lado, quienes se enamoran de la práctica sin aprovechar la teoría son como pilotos sin timón ni brújula: nunca sabrán bien adónde ir.

FUERZA Y TÉCNICA

En nuestro gimnasio contamos con 18 reglas. Parecen muchas; sin embargo, las reglas deben estar (aunque los atletas tienen la idea equivocada de que, si no las cumplen, lo suspendemos). Por ejemplo:

- Si olvidaste el cuaderno de registros, suspensión de una semana.
- Si olvidaste el equipamiento, suspensión de tres días.
- Si llegas tarde, suspensión de un día.
- Si no cuidas el equipamiento del gimnasio, suspensión de un día.
- Los atletas con el mismo peso corporal deben entrenar juntos.
- Cuidamos una atmósfera agradable.
- Respetamos a los entrenadores; solamente los atletas consagrados pueden dialogar con total libertad con su entrenador.

Estas reglas fueron redactadas en un tiempo en que trabajaba con más rigidez. Pero nos dimos cuenta de que dan buen resultado en el ámbito del *powerlifting*. De hecho, todo el mundo las lee y están publicadas en nuestras redes sociales, son públicas.

Aunque la gente se formó una imagen mía como una persona muy estructurada, esta es apenas una imagen. Cuando estás dentro del club, te das cuenta de que soy otra persona y, realmente, me doy cuenta de que lo que conocen de mí es muy poco. Lo mejor es darles una oportunidad a las personas para que te demuestren cómo son en su interior, su esencia. No puedes juzgar una manzana mirando el árbol, no puedes juzgar la miel mirando la abeja, no puedes juzgar a una hija mirando a la madre, no puedes juzgar un libro mirando la portada. De hecho, yo observo bien a todos en el gimnasio todo el tiempo. Una de las técnicas clave que tenemos los entrenadores de pesas es la mirada: no hay algo que se te escape. Parece raro, pero uno tiene tan entrenada la mirada que, hasta parado desde un rincón del gimnasio, puede ver todo: quién está bien, quién está mal, el orden que hay en el salón, si hay alguien que descuida el equipamiento, quién cuida y quién no, cómo se comunican los atletas entre ellos, el clima que hay. Terminas sabiendo todo… Cuantos más años de entrenador tienes, más detalles puedes observar. Y ves cosas que otros no ven.

Lo más importante dentro del gimnasio es que haya un clima agradable, un ambiente de compañerismo, un ámbito tranquilo donde cada uno esté en paz, cada uno concentrado en lo suyo. Y el reglamento contribuye a eso. Algo que pude observar es que todo el mundo al ingresar al gimnasio entiende las reglas. Cuando ven cómo es la dinámica interna, aunque haya solo una persona o esté lleno, se dan cuenta. Siempre se guarda silencio porque es necesaria la concentración. De hecho, otra de las reglas es que no se pueden molestar entre sí. Tal como explicamos anteriormente, varones y mujeres no pueden distraerse mutuamente: está prohibido. No bien observo algo por el estilo, yo mismo lo converso.

Nosotros trabajamos con una secuencia de periodización; esto consiste en dividir el tiempo en períodos. La primera etapa la llamamos "adquisición de las formas" y consiste en la suma de todos los recursos que vas a utilizar, que sentarán las bases para ponerte lo más fuerte posible: mejorar la técnica, aumentar la masa muscular, adaptar la alimentación, aumentar los niveles de esfuerzo, absolutamente todo lo que te sirva para poder mejorar la capacidad de esfuerzo máximo. La expresión hace referencia a las formas deportivas, que también tienen que ver con la forma y aumento de la masa muscular. El segundo es el "período de mantenimiento de la forma"; en esta etapa, todo lo que ganaste al principio aprendes a mantenerlo a lo largo del año. De hecho, no puedes ganar fuerza todo el tiempo. La fuerza se gana por etapas; siempre se avanza por fases: un período para ganar la fuerza y un período para mantenerla. Si no, el sistema nervioso te come. Equivale a querer llevar el auto a 200 km/h siempre... en poco tiempo, lo terminas dañando. Por eso hay un período en que lo llevas a 100 km/h, luego a 120 km/h, 140 km/h, y así vas graduando.

Y el último período, después de la competencia, es la "pérdida temporal de la forma". Esto ocurre porque, luego de todo el período de trabajo que tuvo el atleta a lo largo del año, necesita un tiempo de descanso. En ese descanso va a perder todo, para luego volver a empezar. Estas fases transcurren a lo largo de un año. Aunque suene raro, lo que pierdes son niveles de fuerza. La que tenías dos meses antes ya no es la misma; será un 30% menos de fuerza porque ya relajaste todo tu sistema nervioso, estás descansado. Son dos semanas que abordas tranquilo, como si fueran unas minivacaciones, para luego regresar nuevamente al punto uno. Dos semanas en las cuales no debes ir al gimnasio; tal vez puedes ir a hacer bicicleta si quieres. Esto tiene una explicación: la carga que tuviste durante 6 a 8 meses queda registrada en el sistema nervioso, y esas dos semanas de descanso sirven para recuperar los 8 meses de sobreesfuerzo. En realidad, el tiempo que necesita el sistema nervioso para recuperarse es mayor, pero toda esa acumulación no queda ahí, sino que tiene una repercusión en nuestro sistema, y esta se notará por mucho tiempo más adelante.

Algo similar ocurre con las lesiones: una lesión no surge en el momento; la lesión ocurre como consecuencia de una suma de hechos que comenzaron meses atrás y que desencadenan en una lesión. Es una acumulación de sucesos. Por eso debemos mantener la mente atenta y la cabeza abierta, para saber que lo que hacemos hoy va a repercutir más adelante. Solamente hoy dejaremos un registro en el sistema nervioso. Al hacerlo y recomenzar el ciclo, el sistema después no se sorprende porque ya tiene ese registro.

FUERZA Y DEBILIDAD

Mientras estaba escribiendo este libro, sufrí una lesión muy importante en mi pierna. Ese día aprendí que, en el liderazgo, de todos los inconvenientes y problemas que surgen, hay algo puntual para aprender, y algo para aprovechar. Todo lo que nos ocurre tiene un propósito y todo sirve para algo. A la larga, si prestamos atención, veremos que lo que nos sucede en la vida tiene un sentido. Incluso los imprevistos son lecciones. Nadie tiene la agenda del día siguiente. Esa mañana, estando en el piso dolorido por la caída que había sufrido, lo primero que hice fue llamar a mi compañera y recordarle que debíamos ir a la reunión que teníamos agendada para seguir trabajando la planificación del libro. Creo que, si me pegan un tiro, sigo adelante; si me pegan otro tiro, también sigo adelante. En apenas tres días tenía que viajar para dar una charla en otra ciudad y no tuve intención de cancelarla, aun si tuviera el tendón roto. Incluso pude usar la experiencia de la lesión como un disparador de enseñanza en la charla de liderazgo.

Una imagen que llamaba la atención era ver mi cuerpo con semejante masa muscular caído en el piso, como cualquier persona que se lesiona. Y esto me hizo reflexionar sobre la debilidad y vulnerabilidad vistas como una fortaleza. Nunca consideré la vulnerabilidad como algo malo; es como la vida y la muerte: no hay algo mejor y algo peor, una depende de la otra… desde el momento en que nacemos comenzamos a morir. Sin embargo, frente a la debilidad, siempre trato de pensar en estar fuerte, no importa cómo, aun mantenerme fuerte pensando en mi propia movilidad. No me permito estar un poco más débil; siempre tengo que estar un poco más fuerte. Porque la debilidad no nos cuesta; lo que nos cuesta es la fuerza. Por ejemplo, con esa lesión, si yo hubiera querido, hubiera podido hacerme el "chanta" y quedarme en casa, cancelar la reunión y el viaje. Sin embargo, pude reunirme. Y en ese preciso momento empieza a jugar un factor del cual poco se habla: la voluntad. Ejercitar la voluntad es tan importante como ejercitar la fuerza. Esto te permite estar siempre con la cabeza en alto, procurando alejar la debilidad que siempre está al acecho. La tendencia habitual es hacia la debilidad. Si lo pusiéramos en balanza, procuro siempre que la fuerza pese más que la debilidad gracias al ingrediente de la voluntad.

Voy a explicar un poco de qué se trata esto. La voluntad es la potencia del ser humano, lo que lo mueve a hacer o no hacer. La función de la voluntad es uno de los aspectos de la llamada "vida de tendencias", es decir, la aptitud general para reaccionar ante los estímulos externos e internos. Pero se diferencia de los demás aspectos propios de la "vida de tendencias" en que la voluntad involucra la representación intelectual del objeto y es deliberada, si bien obra a base de hábitos, instintos, etc. La voluntad interviene cuando se realiza una serie de acciones para conseguir una meta, con la representación en la mente sobre algo particular (ya sea un pensamiento abstracto, un elemento concreto, existente e incluso aparente). Por alguna razón, este pensamiento se vuelve valioso y es cuando se transforma en un fin a alcanzar. Requiere esfuerzo, consistencia, motivación y dedicación. Por ejemplo, en el gimnasio, cuando los chicos están entrenando y los escucho decir: "Hoy no me siento muy fuerte, estoy un poco débil", enseguida intervengo con una charla para preguntarles si les ocurre algo en particular, o bien para orientarlos en cuanto al rumbo y al camino que están transitando. Al mismo tiempo, manejamos la graduación de las series de entrenamiento para ir viendo cómo se sienten a lo largo del día. Todo el tiempo, la debilidad está rondando como un factor que puede aparecer. Obviamente, es normal que haya días que te sientas más fuerte y otros que te sientas más débil. Pero, aunque parece algo paradójico, pensándolo desde el entrenamiento de la fuerza, todos los gimnastas entrenan para sentirse más fuertes; sin embargo, al final de la sesión de entrenamiento, terminan sintiéndose más débiles por el cansancio. Las fuerzas se agotan; entran el gimnasio de una forma y después del entrenamiento quedan tan fatigados que se van más débiles. No obstante, esto es parte de un ciclo ascendente de fuerza, el cual les permite descansar bien para luego estar más fuertes. No se trata de un proceso lineal, sino de un ciclo un círculo virtuoso, que después —visto en perspectiva— va generando un aumento paulatino de la fuerza. El cuerpo, poco a poco, se va adaptando a ese ciclo.

Sin embargo, para seguir avanzando siempre debes exigirlo un poco más, de manera tal que vamos midiendo el peso del atleta mes a mes y año a año para ver si las metas propuestas pueden alcanzarse. De esa manera uno va empujando la debilidad cada vez más hacia afuera. La diferencia entre cansancio, debilidad y agotamiento se puede distinguir midiendo el nivel de estrés. Podemos definir el estrés como una fatiga que puede presentarse a nivel central o a nivel general; el estrés general es a nivel muscular y el estrés central es del sistema nervioso. Nosotros, al entrenar, procuramos alejarnos del estrés y de la fatiga del sistema nervioso, que es el estrés que te detona. Si el pesista se sobrecarga y no descansa lo suficiente, se termina volviendo más débil por el exceso de fatiga.

Se trata de una cuestión de equilibrio; entrenar puede definirse como romper tu equilibrio interno con cosas externas. Esa intervención de factores externos debe estar controlada; de otra manera, el rendimiento comenzaría a bajar. Y es entonces cuando la debilidad comienza a aparecer nuevamente. El entrenador australiano Dan Baker preparó una lista de acciones que debe hacer todo atleta: todos deben tener un control en la alimentación, en el descanso y en los medios de recuperación. A cada uno de estos factores se le asigna un puntaje, y el atleta que cumple con los requisitos y logra un puntaje alto puede seguir entrenando. Pero, si no logra cumplir las horas de sueño y los requerimientos de alimentación, si no complementó con masajes, estiramiento o sauna, no se le permite seguir entrenando. Todo esto se hace a través de un registro escrito. Cuantas más variables pueda controlar el entrenador, mucho mejor. Esto ocurre porque es casi imposible medir en qué estado se encuentra tu estrés interno. Es realmente muy difícil saber cómo está su sistema interno, el nivel de cansancio, y el estado de estrés no puede medirse por las "sensaciones" del propio atleta. Por eso se mide la mayor cantidad de variables posibles, para poder regular esa fatiga. Si no duermes bien, estás muy comprometido, porque el sistema nervioso no descansa, tanto en cantidad de horas de sueño como en calidad de estas. El mínimo es de 6 a 7 h, pero lo óptimo son 8 h de sueño.

Podemos ejemplificar la debilidad como alguien que te persigue desde atrás, y del cual debes escapar constantemente. Lo pude confirmar ese mismo día con la situación que viví luego de la caída. Había llegado a la casa de mi novia para revisar mi pierna, y luego ir a trabajar; nunca se me cruzó por la mente no asistir a la reunión. Claro que, si me recostaba para reponerme o para descansar, la debilidad me iba a ganar. Soy una persona superpráctica; si tengo que hacer algo, lo hago con las posibilidades físicas y mentales que tenga. Lo hago rengueando y con inflamación, pero lo hago. Pude reunirme porque podía movilizarme; y al día siguiente fui para realizarme la resonancia; y el viernes viajé aún sin saber si esa decisión podía afectar la lesión. Fue un riesgo que asumí, un terreno desconocido. Pero no lo consideré; no le tuve miedo, ni siquiera quise pensarlo. Muchas veces con los atletas ocurre lo mismo: cuando les pregunto por qué no hicieron algunas repeticiones más en la barra, y me dicen: "Tenía miedo de lesionarme la espalda", les respondo: "Por favor, acá no pronuncies la palabra *miedo*; inténtalo y hazlo y, si tienes miedo, hazlo igual, y no lo digas".

"Mi corazón tiene miedo a sufrir"[2], le dijo el muchacho al alquimista, una noche en que miraban al cielo sin luna. Explícale que el miedo a sufrir es peor que el propio sufrimiento.

El miedo, sea cual fuere, supone siempre lo mismo: la anticipación imaginaria de un dolor. Tenemos miedo a todo aquello que creemos ligado —por principio, experiencia o instinto— a un posible dolor, sea este físico, psicológico, moral o metafísico. A veces se usan como sinónimos dos emociones: el miedo y la angustia. El atleta no siempre las sabe reconocer. Cuando aparece el miedo, llega como una ráfaga que nos inhibe: nos pone rígidos, nos aleja de la situación. Según Heidegger, el miedo

---

[2] Paulo Coelho *(El alquimista)*.

es objetivo: tememos a algo que vemos en la realidad, por ejemplo, una barra cargada con muchos kilos. En cambio, la angustia es el temor a una situación indefinida; sería como temer a un fantasma o a algo creado por nuestra mente, que no se puede delimitar objetivamente como provocadora de este temor. Sentimos angustia por nuestra existencia ante el hecho de la muerte, porque aquello que nos preocupa no está definido; se trata de algo de lo que no sabemos objetivamente qué es. Y, como no nos basta con sentir temor, sino que reflexionamos sobre el temor sentido, acabamos teniendo miedo al miedo, un miedo insidioso, reduplicativo y sin fronteras.

Podemos considerar miedos normales los que son adecuados a la gravedad del estímulo y no anulan la capacidad de control y respuesta. Entonces, ¿qué pasa cuando veo esto en mis alumnos? Trabajamos sus miedos con cosas pequeñas, para que aprendan a enfrentarlo progresivamente, de menor a mayor. Tenemos que formar atletas que compitan a nivel internacional, donde el nivel de estrés es extremo. Por consiguiente, empiezan a ejercitarlo desde sus primeras vivencias con las pesas. Muchas veces coloco pesos pesados con repeticiones justas, y el alumno espera una ayuda mía. En ese momento les digo que lo hagan solos. Inevitablemente, la duda y el miedo aparecen, pero los enfrento con su temor, los empujo al vacío y, cuando se dan cuenta de que pueden, revierten ese pensamiento y tienen más confianza. Paso a paso. Todo se construye desde sus bases. Las pesas también sirven para la vida: cuando crees que no puedes, es mentira; siempre se puede más. Lo que necesitamos es hacerle creer al cuerpo con la mente que siempre se puede, siempre. No dudes más: simplemente, hazlo.

Anteriormente, escuché a atletas decir que me hacían caso por miedo. Sin embargo, comencé a aprender más sobre liderazgo para dirigir mejor a mi equipo. Y hoy, si bien sigo exigiendo disciplina, también me siento con mi gente para conversar y escucharlos; uso la flexibilidad para generar confianza. No es sano que te respeten solo por miedo. Así trabajaba antes: aunque le decía no al miedo, les metía miedo a ellos. Los atletas que llegan al gimnasio hacen méritos porque tienen miedo de no estar en este lugar; porque saben que, si no me hacen caso como entrenador, quedan afuera. Cuando creamos el Club de la Fuerza, ya era entrenador desde hacía 23 años. Para mí, siempre había sido más importante fortalecer al atleta internamente porque, si la voluntad y la mente están fortalecidas, lograr los objetivos a nivel físico serán alcanzables. A lo largo del proceso de entrenamiento, estoy todo el tiempo pensando estrategias y técnicas que ayuden al gimnasta a fortalecerse interna y mentalmente. El enfoque de la fuerza interior está en las posibilidades, en lo que sí puedo hacer.

Por ejemplo, cuando me lesioné la pierna, pude seguir entrenando perfectamente la parte superior de mi cuerpo; de este modo, yo demuestro en mi propio cuerpo que estoy practicando lo que enseño. Si bien me lesioné, si yo me quedara recostado en casa, los chicos no creerían lo que les enseñé acerca de la voluntad. Como entrenador, yo mismo genero credibilidad exponiéndome como ejemplo; de este modo, ellos podrán seguir adelante, a pesar de todo. Las estrategias sirven para colocar al equipo en contextos adversos permanentemente, en situaciones incómodas. Cuando ellos se hacen amigos de alguien en el gimnasio, enseguida piden que los acompañen: "¿Me sigues en las sentadillas? ¿Me quitas peso? ¿Me agregas peso a la barra?". De este modo, empiezan a volcar su confianza, o parte de su confianza, en otra persona. Al principio lo permito, pero después los obligo a cambiar de persona. Finalmente, llega un punto en que les digo: "Listo, ahora no te va a seguir nadie, arréglatelas solo" y le exijo cargas bastante más altas de peso. Y él mismo tiene que resolver cómo salir de esa situación sin depender de nadie. La rotación es una manera de prepararlos para que, cuando llegue el momento de competir, si yo no puedo acompañarlos, ellos no se vean afectados; ni siquiera para vendarlos en caso de sufrir dolor. Es decir que no afrontamos la adversidad como una eventualidad, sino como una estrategia de entrenamiento para fortalecernos interiormente. Usamos la incomodidad como herramienta y los cambios repentinos como disparadores de acomodación.

FUERZA Y EMOCIONES

Si bien en el gimnasio trabajamos con los mismos compañeros, cuando llegues a una competición, no te dejarán recibir ayuda. Es como un deber en el ámbito de las pesas; uno se acostumbra a depender de un compañero que le brinde asistencia, sobre todo en Argentina y en Latinoamérica, donde somos más amigueros y donde el compañerismo tiene mayor relevancia. No es algo que esté mal, pero hay que evitar el apego. En cambio, los caucásicos son personas mucho más solitarias. Martín, uno de mis alumnos, tuvo la posibilidad de ir a entrenar con uno de los mejores entrenadores del mundo en Rusia y me dijo: "Ezequiel, esos tipos están completamente locos. Solo hacen sentadillas, banco plano y despegue. Quizás un día van al gimnasio y hacen un solo ejercicio, y listo. Son personas muy pero muy fuertes". Cuando mi alumno le pidió al personal del gimnasio que lo acompañaran, no entendían lo que él les pedía. Uno quiso ir con él, pero se quedó mirando de lejos; no le brindaba asistencia. Acostumbran entrenar solos.

Mucha gente experimenta el proceso del gimnasio y se da cuenta de cómo sus problemas y su sobrecarga de estrés interior desaparecen luego de una sesión completa de entrenamiento, aunque sean solo 40 minutos. Esto es algo que solamente se puede experimentar; no hay forma de entenderlo si uno no lo vive. En este punto, no solamente hablamos de musculación y de levantamiento de pesas, sino de una victoria interna que te ayuda a superar los obstáculos que cada uno de nosotros vive como ser humano. En definitiva, en cada uno de esos tiros de levantamiento de pesa, quedan desánimos, gritos, broncas, y hasta enfermedades que vendrían más adelante si no las hubieras volcado en el gimnasio. Al entrenar, el cuerpo empieza a responder, por ejemplo, regulando la presión, aumentando los neurotransmisores de bienestar, entre otros. Simplemente, uno comienza el entrenamiento y, aunque no tenga muchas ganas, cuando termina, ya se siente mejor. Esos neurotransmisores de bienestar son la serotonina y la dopamina. Es tan simple como cuando uno come un chocolate: automáticamente, el triptófano aumenta, lo que genera neurotransmisores de bienestar y placer. Por eso nos sentimos mejor y salimos de esos estados depresivos o angustiantes. Se trata de un aminoácido que luego va al cerebro, donde ayuda a liberar serotonina y dopamina.

Algo esencial es comprender que los problemas externos no dependen de uno; no hay mucho que uno puede hacer para cambiarlos acostado en la cama o quejándose y preocupándose. Cualquier persona que se decide a entrenar hace que el cuerpo comience a funcionar a su favor, para que luego las ideas comiencen a aclararse, la mente se despeje y, al salir del gimnasio, vea las cosas diferentes. Hoy se habla de diferentes perspectivas y diferentes puntos de vista en que uno puede encarar la vida y los propios problemas. Ese día, al estar lesionado, pude prestarle atención a esta manera de ver la vida. Pude verlo desde otra perspectiva para encontrar una solución y un camino por el cual transitar los próximos días. Yo sé que puedo cambiar la visión de mi presente. Esto me recuerda el test Gestalt, que consiste en dos imágenes en un mismo dibujo, para que quien lo vea se dé cuenta de que puede ver lo que decida ver. Nosotros mismos vamos creando nuestras propias realidades; cada uno de nosotros somos hacedores de nuestra propia realidad, solo cambiando la perspectiva.

Si bien son dos mundos diferentes, el entrenamiento de fuerza y la vida sentimental, indirectamente, se relacionan. Antes mencionamos las "obsesiones" que se requieren para una disciplina tan exigente a lo largo del tiempo: llega un momento en que no hablas de otro tema que no sea de pesas, de músculos, de dieta, de competencias, lo cual aleja a las personas que vas conociendo. Si tienes una relación de pareja, puede llegar a verse afectada por esa cuestión. Sin embargo, a mí eso no me importó, y pasé largos años así. Estuve de novio desde los casi 15 años con una persona y, justo en esa etapa, fui formándome como entrenador. Cuando ya tenía 23 años, en pleno furor de entrenar, hablaba muy poco con mi novia. Por eso debo ser claro y decir que, en ese sentido, puede verse afectada la vida sentimental. En definitiva, es un alto precio que uno paga.

FUERZA Y PLASTICIDAD

Para mí es muy importante poder reinventarme cada año. Madonna dio una declaración reveladora: gran parte de su éxito a lo largo de los años se debe a que se reinventa vez tras vez. Recuerdo haber escuchado eso cuando yo tenía 18 años, y me impactó: reinventarse permanentemente. Cada año lo programo con una nueva perspectiva y con un plan diferente. Y la gente del Club nota el cambio de un año a otro. Pero lo más difícil fue reinventarme luego de haber atravesado procesos de adversidad. Recuerdo, por ejemplo, haber transitado tiempos de mucha dificultad económica. Trabajaba, pero no me alcanzaba: con lo poco que ganaba, tenía que elegir entre comprar arroz o fideos. Y esto generó en mí un enorme deseo de salir adelante para superar esa situación y llegar a ser otra persona. Este deseo interno, esta fuerza interior fue lo que me impulsó a lograr todo lo que llegué a ser hoy. De hecho, nunca había imaginado esta evolución; llegué a tener mi propia empresa con una marca prestigiosa.

Todo lo que voy logrando son invenciones mías. ¿Cuál es la diferencia entre una persona exitosa y una fracasada?, la acción, la puesta en marcha de las ideas. Primero debo crearla en mi mente para que luego suceda en la realidad; parece una frase trillada, pero así funciona. Esta es una de mis principales fortalezas; se trata de una convicción, una creencia comprobada. No solo te impulsa hacia delante, sino que te lleva a dejar el estado de confort. Cada vez que se instala en mi subconsciente que este es "el método", al año siguiente me obligo a cambiarlo. De hecho, ya tenemos las charlas programadas y un diseño específico para el año próximo. Ya estamos delineando una marca de indumentaria, y este año participamos de actividades con bodegas, un entorno completamente diferente al gimnasio... pero todo el mundo ya está sorprendido y pregunta: "¿Qué onda con eso de los vinos?". La curiosidad crea expectativa y nos impulsa a algo nuevo cada año.

Estamos hablando de plasticidad; si bien el entrenamiento de fuerza apunta a la firmeza de los músculos, esto no se trata de rigidez, porque la rigidez es quebradiza. En cambio, la plasticidad resulta flexible para que cada atleta tome las indicaciones y las aplique, las transmita a su propio cuerpo y en su propia experiencia de una manera particular. Así, tal como un pintor pinta su cuadro y el cuadro toma forma, cada atleta adquiere una identidad diferente. Por eso hablo de plasticidad como las artes plásticas. Así también el entrenador vuelca su labor en sus alumnos; pero cada uno de ellos lo manifiesta de manera particular. De alguna manera, el proceso de entrenamiento tiene que ver con el arte. Creo que esta cualidad fue inculcada en mí a través de mis padres: de pequeño me llevaron a clases de dibujo y de cerámica.

Si bien mi papá era campesino y no había terminado la escuela primaria, por alguna razón quiso que yo tomara clases de arte. Vivíamos en Longchamps y me llevaba a las escuelas ILVEM de Lomas de Zamora, en Buenos Aires. Cursé un año de dibujo y dos años de cerámica. Diseñábamos rostros, figuras de la naturaleza, palomas, etc.

Trabajar con cerámica me enseñó algo muy simbólico: antes de empezar a trabajar con las herramientas para dar forma, hay que golpear la masa para quitarle el aire que tiene adentro. A través de unos golpes, uno logra sacar las burbujas de aire que tiene la masa para que luego no explote cuando va al horno. Luego con el agua puede moldear la masa con suavidad. Allí encontramos una analogía de esta actividad con la labor actual del entrenador en un gimnasio: los golpes en la masa equivalen al levantamiento de mucho peso para sacar la toxicidad interior y evitar que la rigidez haga "explotar" a la persona cuando entra al "horno" de la adversidad. Esto explica bien la firmeza: esta debe generarse sin rigidez y con plasticidad para no romperse. Inclusive, todo esto está explicado en la biomedicina.

Las lágrimas son como el agua que ayuda a moldear suavemente una pieza de cerámica. Justamente, yo experimento una dificultad con el tema del llanto. Por primera vez, a los 23 años, hice terapia y me di cuenta de que tenía asuntos para resolver con mi madre, ya que discutíamos mucho. También tenía inconvenientes con mi novia de aquel entonces. A través de todas esas dificultades, había creado un personaje; me había puesto una armadura, una coraza de mucha frialdad y, sin darme cuenta, me había transformado en una persona muy fría. No podía llorar. Y todo esto lo descubrí haciendo terapia: no lloraba ni por dolor ni por alegría. Un día la psicóloga me preguntó: "¿Qué es lo que más te gusta hacer? ¿Cómo podemos conectar tus emociones con alguna actividad?". Le conté que tiempo atrás me gustaba escribir poesías, y ella me propuso volver a escribir. Si bien en ese momento no tenía motivación y había perdido la inspiración, ella me encargó la tarea. Recuerdo que llegué a casa y me acosté bocabajo —una posición que a mí me gusta para estudiar, leer, escuchar música, etc.—, preparé un cuaderno en blanco y una lapicera, intenté… pero no se me ocurría nada (tengamos en cuenta que yo había escrito poesías para algunas ediciones barriales junto con otros poetas, es decir que había escrito bastante anteriormente), hasta que, de a poquito, comencé a escribir, y así comencé a reconectarme conmigo mismo. Las emociones empezaron a reaparecer... Una de las poesías que escribí la llamé "Madre sea" y habla simbólicamente de la fortaleza que conlleva ser madre. Como verás, la tarea dio resultado, y volví a experimentar otra vez mis emociones. La plasticidad emocional me hizo más fuerte.

Una madre simboliza algo muy fuerte en la vida de cada persona. De hecho, dialogando con mi profesor de liderazgo, me di cuenta de que mi madre es una persona muy trabajadora, positiva y con mucho empuje y sacrificio. Sin embargo, aunque siempre creí que mi referente principal era mi padre, analizando a fondo, pude ver que fue ella quien me transmitió la fuerza para el liderazgo. Siempre estaba conmigo; ella me esperaba con la comida cuando volvía a casa. Recién después de 43 años, me di cuenta de que la referencia en ese sentido era mi mamá. Y esto justamente es lo que hablaba con mi *coaching*: el liderazgo —en el caso de la mujer— siempre se manifiesta en acción.

Recuerdo una anécdota muy linda relacionada con el llanto. Hace unos años, mi mamá practicaba natación. Hoy ella tiene 75 años pero, hace 15 años, cuando comenzó a nadar, luego de un tiempo de entrenamiento, fue a competir. Si bien ya era grande, aceptó participar. Esto ocurrió a fines de los años noventa. Y me propuso que la acompañara. Acepté; fuimos juntos. Quedó tercera en la competencia. Cuando regresábamos a casa en el auto, me mostró su medalla y me preguntó: "¿Te gusta, hijo?". Y en ese momento me puse a llorar… Ese llanto fue una expresión de alegría, la misma alegría que ella sentía de haber podido competir. Me sentí orgulloso de mi mamá, y me hizo llorar. Por eso reconozco que, a pesar del perfil rudo que fui formando a lo largo de mi vida, nunca perdí la sensibilidad. Sé que cuento con una sensibilidad artística —propia de haber aprendido dibujo y cerámica— que me hace una persona más creativa.

Viene a mi mente otro día que lloré mucho: cuando me separé de mi novia. Ambos teníamos un carácter muy fuerte y estábamos cansados de discutir. Pero a pesar de todo, esa sensación de extrañarla y a la vez de saber que esta relación no nos hacía bien me generaba angustia. Fue un duelo; esta situación me llevó a llorar en soledad, como un tipo de desahogo. Lo mismo ocurrió con otra relación sentimental que tuve: fue muy triste y difícil. Nos habíamos casado, y costó mucho darle un cierre formal, porque de todas maneras tratábamos de salvar la relación. Esto también me hizo llorar bastante.

En cierta ocasión, a uno de los atletas de nuestro gimnasio —un joven colombiano que había llegado a Argentina hacía cinco años, junto con su madre— le tocaba competir. Justo antes de viajar, me avisó que su madre estaba enferma. Teníamos que viajar a Córdoba para un torneo nacional y casi decide no ir. A pesar de ello, a último momento, me dijo: "Voy a ir igual, porque mi madre está en una condición estable". El sábado, mientras estaba compitiendo, recibió un llamado de su tía —quien estaba cuidando a su mamá— para avisarle que había sufrido un pico de presión alta y que había sido internada de urgencia. Yo estaba con él; luego de un tiro de fuerza, vi que se fue a un costado, y se puso a llorar. Primero pensé que lloraba de emoción porque le estaba yendo bien, pero le pedí que saliéramos al hall y le pregunté qué le pasaba. Allí me contó que su madre estaba internada; esa noticia lo perturbó mucho. Venía muy bien en la competencia, y solo le faltaba hacer dos tiros más de peso muerto. Sin embargo, estaba muy atento al celular y atendió la llamada de su tía. Entonces me explicó que su madre estaba internada, que estaba estabilizada, y su tía la estaba acompañando. Le expliqué que él en ese momento ya no podía hacer nada; lamentablemente, desde Córdoba, no había manera de ayudarla. "Te pido que cobres fuerza para los próximos dos tiros; termines como termines, después tomas el primer avión a Buenos Aires". En el tiro que le faltaba, logró superar el peso anterior; afrontó muy bien el desafío y luego sí pudo regresar a Buenos Aires, acompañado por otro atleta.

FUERZA Y LÍMITES

En el ámbito del entrenamiento de fuerza, el límite más sano es que una persona mejore su vida y no termine "roto". Eso, en parte, es mi responsabilidad como líder y entrenador: evitar lesiones graves. Para eso no solo debo estar atento a los aspectos técnicos: también pregunto siempre cómo se sienten. Para ser claros: el límite en nuestro ambiente es evitar el daño físico. Sin embargo, para aquellos que quieren alcanzar un nivel olímpico o entrar en competencia de alto rendimiento, el daño físico no sería un límite. En este caso podemos decir fehacientemente que no hay límites... ¡Entramos en un terreno desconocido!

Por ejemplo, si un padre me consulta: "Mi hijo quiere competir... ¿Cuánto puede llegar a levantar de peso cuando llegue a los 20 años de edad?", no tengo la respuesta. Lo que sí sé es que debería entrenar, como mínimo, 12 años de manera consecutiva para poder dilucidar cuál es su fuerza máxima; recién entonces podremos vislumbrar los siguientes 8 años de entrenamiento. Por eso digo que no hay límites. El alto rendimiento implica empujar al cuerpo más allá de su biología y de su psicología. Para el deportista que busca alto rendimiento, la fuerza no tiene límites. Siempre quieren más, porque el deseo de superarse no tiene fin. De hecho, yo dejé de competir porque ya no tenía ese deseo. Te puedo asegurar que, cuando tienes un fuerte deseo de mover un determinado peso, lo logras.

Si bien, evolutivamente, el deseo merma a partir de los 50 años de edad, aún se siguen batiendo récords del mundo. La gente lo relaciona con la testosterona, y hay atletas de más de 40 años que entrenan 360 días y baten récords mundiales. De hecho, con el paso del tiempo, la edad límite se fue desplazando: al principio era entre los 30 y los 35 años el tope de mayor fuerza; hoy algunos comienzan a entrenar a los 25 años y, con mucha constancia, a los 40 pueden llegar a un récord, o al menos alcanzar su propio récord personal. Yo entrené a atletas con más de 40 años que llegaron a récords nacionales y sudamericanos. Claro, estuvieron conmigo durante más de 10 años de entrenamiento, habiendo comenzado a los 28 años. Yo, con 23 años, era un entrenador joven, y dirigía gente más grande. Llegaba al gimnasio, les daba órdenes y me obedecían. Quizás mi caso fue prematuro; muy pocos sabían eso.

Aunque la gran mayoría de los atletas son camioneros, choferes, herreros, albañiles, policías o militares, he visto entrenar ingenieros agropecuarios y tecnológicos que son levantadores de pesas y compiten con muy buen rendimiento; médicos cirujanos con muy buenos logros en competencia. Esto me lleva a plantear una pregunta: ¿dónde está la gente fuerte? Por ejemplo, en la Ciudad de Buenos Aires no hay muchos. Yo soy oriundo del conurbano bonaerense, una zona de nuestro país con poblaciones muy variadas y complejas. Puedo asegurar que la gente más fuerte que tuve en el gimnasio es del conurbano de la provincia de Buenos Aires. Y hemos encontrado talentos de la fuerza originarios de Tucumán, Salta, Formosa, Jujuy, provincias donde la gente sufre más. En la ciudad no hay muchos "tipos rudos", al menos en los últimos años. Los que aparecieron provienen del conurbano o del interior, gente que en un año llega a 200 kg o 300 kg en banco plano y en sentadillas.

Cuando comencé, en Longchamps solo disponía de dos gimnasios; fui yo quien llevó el *powerlifting* como único entrenador en la zona sur. A ese gimnasio comenzaron a llegar chicos que buscaban esta especialidad —desde Guernica, Glew, Adrogué, Turdera, Burzaco— y hoy los cuatro entrenadores de los gimnasios que están haciendo *powerlifting* fueron alumnos míos... ¡Los primeros buenos alumnos que tuve! ¡Cuando voy de visita, me hacen reverencias! "Muchachos, hoy viene Ezequiel". Me da mucha risa, pero es algo muy especial porque ocurre de verdad. Me hacen sentir muy bien, recordando que empecé desde abajo y comencé de cero, sin conocer ni saber nada.

Recuerdo la historia de Estela; practicaba *jiu-jitsu* —un arte marcial brasileño que consiste en hacer tomas de piso, agarre y estrangulamiento— en un gimnasio de

Turdera. Al principio casi ni nos saludábamos; era bastante cerrada. Un día noté que levantaba 100 kg de sentadilla, pero ella era muy delgada. Cuando vi que hizo 10 repeticiones, me llamó tanto la atención que decidí preguntarle: "¿Cuánto hace que entrenas, Estela?". "Tres o cuatro meses", me respondió. "¿Quién te entrena?", quise saber. "Nadie" fue su respuesta. Entonces, le propuse entrenarla y rápidamente aceptó, lo cual también me llamó la atención. Le pedí que llevara un cuaderno para anotar todo. Quiero aclarar que yo no iba a ese gimnasio a entrenar gente; iba solo a practicar jiu-jitsu… ¡Se dan cuenta de que me sale de adentro la pesca de talentos! Estela se entusiasmó tanto con el entrenamiento de fuerza que dejó el jiu-jitsu. Y, a pesar de que ella pesaba solo 60 kg, me di cuenta de que iba en serio…

Testimonio de Estela Peña

Recuerdo que comencé a ir al gimnasio junto con mi primo cuando tenía 19 años. En aquel entonces era un poco gordita y me propuse bajar de peso. Hasta ese momento no había hecho ningún deporte, pero me gustaba entrenar. Empecé a hacer sentadillas y, como vi que siempre aumentaba la cantidad de kilos, me entusiasmé. Finalmente, bajé de peso, hice una buena dieta, y terminé conectándome bien con el entrenamiento. La sentadilla se convirtió en mi ejercicio favorito. Entonces, me propusieron hacer fisicoculturismo y comencé a aumentar poco a poco la cantidad de kilos para ganar masa muscular. Había terminado la secundaria y comenzado el profesorado de Biología. Pero dejé porque me di cuenta de que no era lo mío. El gimnasio tomó un gran protagonismo, y decidí hacer un curso de musculación en Lomas de Zamora. Así comencé a trabajar de entrenadora. Todo esto ocurrió bastante rápido: en un año y medio ya era entrenadora.

Finalmente, después de haber probado con musculación y con fisicoculturismo, noté que el entrenador no me proponía competencias ni torneos; me faltaba la motivación de un buen liderazgo. Muchos usan la musculación para mantener a la gente en el gimnasio. Si bien comencé por una motivación estética, poco a poco fui volcándome más a un sentido deportivo. En 2013, siendo profesora de musculación en un gimnasio de mi barrio —por el Puente La Noria, en Zona Sur—, vi, en una revista, que un gimnasio ofrecía entrenamiento de jiu-jitsu. Como tenía ganas de hacer algo nuevo, me decidí y, al llegar, encontré algo totalmente diferente. En ese entonces comencé a mirar programación de MMA —deportes de combate— y me gustaba ver cómo competían las chicas en peleas de contacto. Se describía el jiu-jitsu como un arte marcial suave. Una de las claves es que se enfrenta una persona más pequeña con una más grande, y la pequeña puede vencer a su contrincante usando la fuerza del oponente. En ese gimnasio solamente dos chicas entrenábamos jiu-jitsu; yo entrenaba sentadilla junto a una compañera llamada *Paula*; esto me ayudó a experimentar una especie de "competencia sana". Comenzó a gustarme la idea de que podía levantar un poco más de peso que otros, porque hasta ese momento no tenía un alto sentido de la competitividad. A los pocos meses tuve mi primera competencia de jiu-jitsu, en la cual perdí por puntos.

A Ezequiel lo había visto en el gimnasio porque era uno de los profesores. Mi compañera Paula entrenaba *powerlifting* con él; cuando me comentó lo que hacían en su entrenamiento y que estaba compitiendo, me asombró. Ella ya levantaba 180 kg de sentadilla. Si bien en mi familia no había deportistas ni una atmósfera de competencia deportiva, algo me estaba empujando. En aquel entonces no me daba cuenta de que todo tenía que ver con mi historia y con mi trasfondo; no era consciente.

De a poco fui conociendo a los primeros atletas que trabajaban con Ezequiel; uno de ellos me llevó a ver una competencia. Veía a los muchachos levantando esos kilos y a mí me motivaba mucho la idea de superarme, al menos en sentadilla.

Así fue cómo un día, durante un entrenamiento, probé levantar de 100 kg a 120 kg sin supervisión. Ezequiel se dio cuenta de que nunca había visto a una chica levantando semejante peso. Yo, simplemente, cargaba un poco más, hasta llegar a 120 kg. Tenía curiosidad de saber hasta dónde llegaba. Sinceramente, no me asombró; era algo que me salía naturalmente. Entonces, cuando nos cruzamos, Ezequiel me dijo: "Estela, ¿quieres entrenar *powerlifting*?". Yo no dudé en responderle que sí. Claramente, me encontraba en la búsqueda de un buen liderazgo. Por eso creo que, inconscientemente, nos cruzamos, y acepté su propuesta. Si bien al principio no entendía mucho la rutina que me daba, simplemente me propuse hacer lo que él me dijera. No dudaba en obedecer cada una de sus instrucciones. Fue importante para mí generar esa confianza mutua; yo empecé a confiar en él porque él confió primero en mí. Cada indicación que recibía la consideraba un gesto de confianza de parte de mi entrenador; por eso obedecía y creía que lo iba a lograr. Yo aún no lo había visto en competencias, y debo reconocer que no me importó el hecho de ser la única mujer que entrenaba fuerza en el gimnasio. Eso no me limitaba; me consideraba una atleta más.

Ezequiel comenzó a enseñarme la técnica desde cero; pero no era solamente eso, sino también las estrategias de despegue. Luego agregamos banco plano y, a los 3 meses de entrenamiento, ya me propuso participar de una competencia. Me había preparado para levantar 200 kg de sentadilla, algo que usualmente una chica solía lograr recién a los tres o cuatro años de entrenamiento, con suerte. Incluso había logrado 190 kg de despegue. Después me enteré de que nunca había ocurrido que un atleta que se presentara por primera vez lograra esas marcas. Otras chicas que tenían años de experiencia, cuando me vieron competir, se asombraron mucho, y se sintieron frustradas. Como las demás competidoras no me conocían, empezaron a averiguar cuánto pesaba, qué experiencia tenía, y a calcular a cuánto iría a llegar en un futuro… Quienes estaban en la misma categoría se daban cuenta de que nunca llegarían a alcanzarme. Sin dudas, se trata de una disciplina deportiva que cobra sentido con la cantidad de kilos y el récord que se registra. Cada atleta es respetado por los kilos que presenta en su categoría. El concepto de los límites es clave. En su momento, Ezequiel me hablaba mucho de una competidora de apellido *Agüero*, que era la más fuerte de la categoría. Mi meta entonces era superar esos límites.

Una anécdota muy interesante fue que, cuando me presenté para el tiro de 190 kg, el que anunciaba desde la mesa, dijo: "Se presenta Esteban Peña con ciento noventa kilos", así que tuve que acercarme para corregirlo: "No, yo me llamo Estela". Si bien mi nombre estaba bien escrito, el que lo leyó no dudó en decir: "Esteban", porque no podía ser que ese peso lo levantara una chica. Recuerdo que ese torneo había terminado muy tarde. No había nadie que me acompañara hasta la parada del colectivo para regresar a mi casa. Era un viaje largo, desde Alejandro Korn hasta un barrio cercano al puente La Noria, así que empecé a caminar con mi bolsito y con el trofeo adentro hacia la parada del colectivo. El hecho es que, en el camino, dos tipos se acercaron en una moto y me abordaron para robarme. Eran las 11 p. m. Uno de ellos se bajó para arrancarme el bolso y, como me di cuenta de que este no llevaba ningún arma, decidí defenderme… ¡no iba a permitir de ninguna manera que se llevaran mi trofeo! Después de varios golpes y patadas, escaparon en la moto, y luego se acercó gente a ayudarme. Cuando el ladrón se dio cuenta de que estaba dispuesta a luchar y la gente empezó a gritar, escaparon. Finalmente, un profesor que pasó por la parada del bus decidió llevarme en auto porque estaba asustada. Fui directamente a la casa de mi hermana; tenía un golpe en la cara y no quería que mi mamá me viera así. Durante un día me quedé en su casa hasta que ya el golpe no se veía. Si bien ella me había acompañado a la competencia, se fue antes porque estaba con sus hijos, y no sabía que yo había ganado el trofeo. El hecho fue que llegué a la casa de mi hermana Laura con la cara golpeada, pero con mi trofeo en el bolso.

Con Ezequiel celebramos ese logro con naturalidad; él sabía que apenas era el comienzo. Fue un récord importante, pero no estaba "agrandada"; había encontrado mi disciplina deportiva y al entrenador que buscaba. Yo sabía bien que mi logro se debía a que me estaba entrenando Ezequiel Costa, un gran entrenador no solamente a nivel técnico, sino también a nivel mental. Su trabajo es profundamente psicológico: te motiva y te programa para superar nuevos límites. Sus palabras son de motivación y ánimo, a tal punto que me llevaron a confiar plenamente en él, y también en mí misma. Todo se trata de la fuerza y de la palabra. Él usó las palabras justas; yo pude entenderlo y capté su mensaje: "Estela, tú puedes". Y, si Ezequiel lo decía, yo le creía. "Si tú dices que yo puedo, entonces lo voy a hacer", afirmaba. Aunque él era estricto en la rutina, yo siempre cumplía con mis responsabilidades deportivas. Recuerdo que una vez me hizo volver a casa porque no había llevado las vendas; pero una sola vez fue suficiente. Se trata de un esquema muy simple: hay un deportista que quiere crecer y busca liderazgo, y hay un entrenador atento a reclutar un equipo. Una vez que se encuentran, él da las órdenes y hay que obedecerlas. Y en la competencia se alcanza el éxito.

Leo es un atleta que entrena conmigo hace 3 años. Viene de otro gimnasio porque el entrenador le dijo que tenía que inyectarse "para hacer crecer sus músculos"; incluso le dio las inyecciones sin cargo. En tres meses estaba muy inflado, pero se dio cuenta de que esto no lo llevaría a competir. Yo lo vi trabajando en banco plano y le pregunté: "¿Hace mucho que entrenas?". Y le hice una propuesta. La aceptó y empezó a entrenar en el mundo de la fuerza. Hasta ese momento nunca había escuchado del *powerlifting*. En poco tiempo notó que la cantidad de peso que lograba levantar aumentaba. Después de un tiempo de haber sido profe en el gimnasio, dejé y empecé a entrenar por mi cuenta. Fue entonces cuando la gente empezó a acercarse a mí. Luego del primer torneo, y a pesar de que la vara estaba muy alta, empezaron a resonar en mi cabeza nuevos objetivos: comencé a pensar en 220 kg de sentadilla. Cuando vi que lo lograba, me propuse 240 kg. Entonces, tuve que prepararme para un torneo nacional que me permitiera luego aspirar al campeonato mundial. En esa competencia por fin había muchas chicas; allí estaban todas las competidoras del país. Una de ellas me preguntó acerca de mi categoría; me contó que había bajado una categoría menos porque se había enterado de que una deportista de Buenos Aires había testeado 240 kg. Yo le pregunté asombrada quién levantaba tanto peso y me respondió: "Se llama Estela". ¡Entonces, me di cuenta de que era yo; y estaba pensando que otra deportista también levantaba ese peso!

Pude clasificar para el mundial que se realizaba el mismo año en la provincia de Misiones. Me presenté con la meta de 240 kg de sentadillas, pero llegué a 220 kg, y fallé en 240 kg. De todos modos, logré el récord mundial. Fue llamativo el tema del despegue, porque en el entrenamiento no habíamos tocado más de 200 kg. Ezequiel me había avisado que, con 210,5 kg, lograba el récord mundial y lo logré. Entonces, me propuso: "Si llegas a 215 kg, no solamente vuelves a superar tu récord, sino que, además, eres campeona mundial". Estábamos compitiendo mano a mano con la atleta Agüero por el coeficiente. Y, ante la propuesta de Ezequiel, me animé. Aunque nunca había tocado ese peso, lo logré: 215 kg de despegue. A partir de entonces, ya era reconocida a nivel mundial. Comenzaron a llegarme solicitudes por las redes sociales; gente de todo el mundo me contactaba… fue una verdadera locura. El *powerlifting* se convirtió en mi vida.

Estela no puede sostener las lágrimas. Llega el momento de contar el episodio más difícil de su carrera y, por supuesto, en su vida personal. Cuando intentaba presentarse para el torneo sudamericano, falleció su madre. Los ojos se le llenan de lágrimas no bien empieza a narrar.

Un día mamá empezó a sentirse mal; fue al médico, pero no le decían nada específico, hasta que ya no aguantó más y la internaron. Aunque estaba en observación, no nos decían qué tenía; el único comentario hasta ese momento era que tenía un tumor en el páncreas. Durante dos meses estuvo internada en el hospital Penna. Luego de unos días, pedimos hablar con la doctora que la atendía, y nos confirmó que se trataba de cáncer de páncreas…

Ezequiel me postuló para el torneo sudamericano, a pesar del cuadro tan duro de mi madre. A decir verdad, la motivación genuina era mi madre. Cuando Ezequiel se enteró del último parte médico, ya lo dio por descartado; estaba seguro de que yo no iba a competir. Mientras mi mamá estaba internada, Ezequiel ya notaba que yo no tenía ganas de ir a entrenar porque me quedaba toda la noche cuidándola en el hospital. Ella me decía: "Estela, ve a entrenar; yo estoy bien, hija, me quedo acá", sabiendo que, cuando no podía entrenar, yo me bajoneaba. Otras personas que hablaban con ella me decían: "Tu mamá está muy orgullosa de ti". Ella disfrutaba mucho verme crecer en lo deportivo, competir y lograr objetivos. Era una persona de campo, que nunca había aprendido a leer. Por eso significaba mucho saber que su hija era campeona. Incluso les contaba a las vecinas cada uno de los logros que yo tenía. Aunque dudé un poco, fue ella quien me dijo: "Hija, ve, tienes que competir" y yo le respondí: "Sí, mamá, voy a ir, voy a ganar y te voy a traer el trofeo". Esa vez la orden la dio ella: Carmen, mi mamá, una verdadera capitana llena de amor. Mi mamá me esperaba en casa con la comida, me alentaba mucho en lo deportivo, y muchas veces me acompañaba a las competencias.

Finalmente, logré el Campeonato Sudamericano. Y, aunque mi mamá todavía estaba viva, su situación de salud era muy delicada. Terminé de competir y directamente adelanté el vuelo para ir a verla. Cuando llegué, tuve la oportunidad de abrazarla y decirle: "Mamá, este triunfo es para ti". Después de que ella falleció, entrené un mes y decidí dejar de competir. Actualmente soy entrenadora. Estoy trabajando en especial con una joven deportista que promete mucho, y también con Leo, que sigue avanzando muy bien.

Durante un año de terapia, aprendí que todo lo relacionado con la competencia —el desarrollar la musculatura, destacarme y ser cada vez más fuerte— tenía que ver con un conflicto con mi papá. Si bien siempre tuve a mi padre, él fue un papá bastante ausente. Además, mi personalidad es ser muy autoexigente; siempre era la chica 10, la abanderada del colegio. A veces me sacaba 9, y volvía a casa triste. A la larga descubrí que yo quería llamar la atención de mi papá y buscaba en la competencia cubrir ese vacío. Llevar trofeos simbolizaba querer llamar la atención de mi papá, lograr que se sintiera orgulloso de mí. No recuerdo haber tenido conversaciones afectuosas con él; los recuerdos que tengo suyos era que llegaba a casa cansado, merendaba solo, y en casa tratábamos de no molestarlo. Mi hermana mayor y mi hermano se llevan dos años de diferencia entre sí; en cambio, yo nací varios años después y fui la más chiquita. Quizás por eso conmigo él no tuvo una relación muy estrecha. Aunque mi comportamiento para llamarle la atención fuera inconsciente, se trataba de algo muy real.

Después que falleció mamá, hubo un encuentro. Creo que, al faltar mi mamá, él me puso a mí en su lugar. Él le pedía determinada comida para comer en determinados horarios… un modelo de familia muy machista, al estilo antiguo. Al recibir esos reclamos, supe que estaba ubicándome a mí en lugar de mi mamá pero, claramente, yo no era ella. En ese tiempo estaba cursando la licenciatura en nutrición y no le dedicaba tanto tiempo a la casa, al mismo tiempo que empecé a sentir ataques de pánico y ansiedad —no había cerrado el duelo de mi mamá—. De todos modos traté de mantenerme entera y sin quebrarme; me decía a mí misma: "Tienes que estar bien; no tienes que estar mal, debes ser fuerte". Y no me daba permiso para ser vulnerable o débil; pensaba que llorar era un tema de gente débil. Pero ese llanto oculto comenzó a manifestarse en mi cuerpo y en mi mente.

Por otro lado, hay algo más que explica la razón de buscar una disciplina de la fuerza: yo siempre vi a mi mamá como una mujer fuerte. Tengo recuerdos de pequeña viéndola mover un ropero enorme cargado de cosas, y me llamaba la atención ver la fuerza que tenía. Me motivaba pensar: "Yo también quiero mover eso". Además, mi papá trabajó muchísimos años en la construcción, y usaba su fuerza para levantar enormes bolsas de cemento y materiales de construcción. Yo, siendo pequeña, copiaba a mi papá queriendo levantar las bolsas de cal de 25 kg… Lo recuerdo diciendo: "¡Esta es mi hija! Mira la fuerza que tiene… esta nena es Peña". En algún sentido, elegir la carrera de nutrición también está asociada a mi mamá, que fue una madre nutricia. Siempre en casa todo se festejaba con comida que preparaba mi mamá. Una vez que me recibiera, sería yo la doctora que acompañaría la alimentación y nutrición de mis pacientes.

En 2022 competí en el torneo nacional y gané en sentadilla con 195 kg y 175 kg de despegue. Esos son récords que logré en la nueva categoría en que estoy compitiendo ahora.

Un día, estábamos entrenando y con Ezequiel nos propusimos testear. Habíamos llegado a 240 kg, y él me propuso 260 kg. Yo acepté. Cuando cargamos 260 kg, lo pude levantar, con esfuerzo, pero sin dificultades. Y justo un amigo nuestro estaba filmando. El video circuló por las redes y enseguida escribieron desde Rusia, Brasil, Alemania, Colombia, España, Italia, Inglaterra. ¡Algunos creían que era un video falso! Si bien no pude presentar esa marca en un torneo, lo más alto que presenté fueron 260 kg en el Sudamericano. El hecho es que en las competencias procuramos buscar una marcación más segura y no fallar para no perder el torneo. Haber podido lograr semejante peso en un testeo de entrenamiento se debe a varios factores: era un buen día para mí, tanto en el rendimiento físico como anímico; la jornada de trabajo había sido favorable; y la época del año ayudaba:

la primavera y el buen clima también son condiciones que mejoran el rendimiento. La época de frío y de humedad resta mucha energía. Por otro lado, cuando hace mucho calor, el cuerpo se siente más agotado.

En otra ocasión, recuerdo que pude cargar la barra y caminar con 300 kg de peso encima de mis hombros. Al tratarse de una disciplina deportiva tan llamativa donde el atleta logra levantar semejante cantidad de peso, resulta curioso saber qué siente cada uno en esa situación. Lo hago con total naturalidad; lo disfruto en los entrenamientos y en las competencias. Es muy importante la confianza, escuchar siempre la voz de Ezequiel diciéndome: "Hoy empezamos con este peso y vamos a lograr esta meta". Aunque parecía una locura —comparado con lo que yo misma había logrado la jornada de entrenamiento anterior—, como él lo decía, para mí estaba bien y tenía que hacerlo. Si bien producía algo de dolor, era más satisfactorio ver que lo podía lograr; lo hice y lo hice bien. Ezequiel, claramente, es un gran líder; nació para esto. Además, lo considero un maestro, porque me enseñó muchas cosas no solo respecto a lo físico y a las metas de levantamiento de kilos, sino también a nivel emocional y anímico. Aun en los momentos más vulnerables y de debilidad, sus palabras ("Tú puedes, tú puedes") desarrollaron en mí una gran valentía para superar y transitar con coraje mis miedos. La valentía y la confianza se formaron en mí con su ayuda, para poder transitar los miedos. Todos esos aportes desarrollaron una mejor autoestima, mostrándome también videos de otras atletas que habían logrado objetivos altos.

Reconozco que tengo muchas cosas parecidas a las de Ezequiel; se me pegó su estilo. Una frase que siempre digo es "Ve decidido a la barra; si entras con todo, la barra no se resiste". Es decir, hay que acercarse a la barra con la palabra que te da el entrenador. A pesar del ruido, de la música en los ambientes de competencia y mismo en los gimnasios siempre escuché la voz de Ezequiel. Él me iba guiando, y yo iba siguiendo su voz. Así es cómo debe funcionar. Con el paso de los años, vas guardando las palabras de tus entrenadores y las vas acumulando como herramientas, como un recurso que te ayuda en tu desempeño. Y, cuando llega el momento del alto rendimiento, puedes decir que no solo tú lo estás logrando, sino que lo alcanzas junto a todas tus historias, junto a todos los que te formaron. Este deporte pierde sentido cuando uno no es rudo.

El testimonio de Ezequiel Junior Uguet

Empecé a entrenar con Ezequiel en 2014. Cuando comencé, hacía solamente jiu-jitsu, mai-tai y aparatos. Ezequiel había comenzado a entrenar gente en ese lugar; uno de los dueños del gimnasio me decía: "¿Cuándo vas a entrenar fuerza y *powerlifting*?". En esa época no era una disciplina conocida; aún hoy hay muchos que no la conocen. Un día, mientras estaba entrenando, justo coincidimos con Ezequiel, y él me propuso una vez más: "¿No quieres probar un poco de entrenamiento de fuerza?". Acepté, me dio algunas clases y arranqué. De alguna manera me atraía la idea de levantar tanto peso. En aquel momento nunca imaginé que dejaría los demás deportes para dedicarme a esto. Todos los casos son diferentes; depende de cómo uno se tome las cosas. Además, terminé la Licenciatura en Publicidad que estaba haciendo y me puse a estudiar Licenciatura en Actividad Física. Me gusta estudiar; por eso también hice un máster de especialización. Si bien la vieja escuela de este deporte es de un perfil de atletas rudos, hombres y mujeres que solamente quieren ser más fuertes que los demás, esto está cambiando. Actualmente hay muchas personas que entrenan *powerlifting* y tienen otros trabajos, otras profesiones. Los primeros interesados en esta disciplina, obviamente, eran personas más rudas y enfocadas solamente en la fuerza; pero ahora el alcance se amplió, y nos encontramos con todo tipo de atletas.

Por otro lado, el buen estado físico y el entrenamiento fomenta tu autoconfianza, lo cual genera muchos beneficios. Como entrenadores, no solamente marcamos una rutina, sino que trabajamos la autoconfianza. Actualmente, estoy entrenando a una persona que, cuando la conocí, pesaba 130 kg; logró adelgazar, y eso transformó su vida. Una persona que tiene suficiente autoconfianza, además de alcanzar las metas que se propuso, genera siempre nuevos proyectos, y el deporte comienza a ser así parte de tu estilo de vida. Necesitas alimentarte bien, deseas verte mejor, y hasta terminas relacionándote mejor con las demás personas. Desde pequeño hice deportes; primero, jugaba al fútbol, después al rugby. Además, hacía natación; y luego agregué artes marciales, MVA, jiu-jitsu, y después pasé al *powerlifting*. De todos esos deportes, el único individual era natación pero, mientras lo practicaba, todavía era chico. Los demás deportes necesitan un entrenador que trabaje con los equipos, lo cual genera una dinámica particular. Además, por lo general, los entrenadores van cambiando, lo que hace que el vínculo, por lo general, no llegue a consolidarse. Pero este es un deporte de tiempo y marca; trabajas solo con tu entrenador, lo que permite que el vínculo se profundice.

Cuando tu entrenador ve que estás en condiciones de competir en un alto nivel, se requiere un compromiso mutuo al 100%.

La escuela con la que Ezequiel me formó es la del mérito: si quieres lograr algo, debes ganártelo. Hoy sigo en esa misma línea. El deportista transita diferentes etapas: al principio tiene que demostrar que está dispuesto a venir y entrenar todos los días, a cumplir su rutina, procurar no faltar. Los entrenadores queremos llevar a nuestra gente a un alto nivel. Pero eso se logra cambiando la mentalidad y la disciplina y el rigor que se ponen en juego. Cuando un deportista no logra las metas que se propone, no debe claudicar, sino comprender que cada instancia es parte de un proceso necesario de transitar. Tengamos en cuenta que, si bien la meta es ganar, para que haya un primero, tiene que haber siempre un segundo, un tercero, un cuarto y un quinto. Rafael Bielsa dice: "Tener éxito no es algo común". Es decir: no ganan todos. Ser exitoso no es algo común entre la gente; la gran mayoría no logra alcanzar las metas que está buscando.

Sin embargo, la clave de todo esto es sostenerlo en el tiempo. Ya sea que lo hagas por seis meses o por décadas, el secreto está en mantenerte. Muchos arrancan con todo y luego bajan su rendimiento; otros son fuertes por condiciones naturales, pero sus pensamientos no los acompaña; y otros no tenemos condiciones innatas, genéticas, pero tenemos un alto grado de exigencia mental. De esa manera avanzamos incesantemente mientras vemos cómo otros quedan rezagados en el camino. En definitiva, la fisiología no manda... la fuerza manda.

Si bien yo ahora entreno gente y los llevo a competir, Ezequiel me sigue acompañando. Hace dos años comencé a entrenar solo, pero él es mi referente. Actualmente, trabajamos en conjunto con un entrenador más. El vínculo entrenador-atleta requiere rigor y obediencia.

Cuando comencé a entrenar con Ezequiel, recuerdo que me suspendió durante dos meses. Hoy en día Ezequiel está mucho más light como entrenador. Pero antes era superestricto; no le gustaba que sus deportistas se fueran de vacaciones. Para poder viajar era mucho lío… Si entrenaba martes y jueves, tenía que sacar el pasaje un jueves; entonces, el martes anterior ya le avisaba. Aparte, le rogaba a mi novia que no publicara información de nuestros viajes en las redes para que Ezequiel no se enterara. A los dos meses de haber comenzado a entrenar con él, competí, y me fue bien. Recién volvería a competir a fin de ese año; pero yo ya tenía viajes programados. Me iría de vacaciones con mis amigos, y luego pasaría tiempo con mis padres. Al regresar de mi viaje de Brasil, me dijo: "No vuelvas más, flaco". Claramente, estando en Brasil, no entrenaba y, cuando regresé, había perdido mucho peso. En esa época, era un pibe, y tenía otro viaje, pero no sabía cómo decírselo… Cuando se lo informé, me propuso lo siguiente: "Hagamos algo: cuando te tomes las cosas en serio, volvemos a hablar". Me saludó y se fue. Entonces me puse a entrenar solo, pensando: "Cuando regrese, vuelvo a hablarle". Pero, cuando volví, Ezequiel se había ido a trabajar a otro lugar. Como no me lo cruzaba más, lo busqué y lo llamé para volver a arrancar, pero él, simplemente, me dijo: "Ya estás suficientemente fuerte: no me necesitas", así que me dispuse a entrenar solo. Un día fui a ver una pelea de MMA en el Luna Park; estábamos en una de las esquinas con Axel —quien es mi actual entrenador— y, mientras conversábamos, le comenté: "Lo que quiero es entrenar *powerlifting*", y él me aconsejó: "En este país, si quieres hacer *powerlifting*, tienes que entrar con Ezequiel Costa, no hay otra; si tu objetivo es ser bueno en eso, la única opción es él". Yo le dije: "Sí, lo conozco, pero le hablo, y no me responde". Entonces, me propuso ir directamente al lugar donde entrenaba él y presentarme. Me aparecí con el bolsito; él estaba allí dando clases. Así logré que me atendiera. Hoy en día es la persona que me sigue ayudando a entrenar, además de ser un gran amigo.

Después de aquella suspensión, arranqué a trabajar junto a un equipo que iba al torneo nacional en Bariloche. Recuerdo que ese año ya todos habían sacado sus pasajes; estaban todos inscriptos. Pero a mí no me había propuesto ir, y eso me preocupaba. En aquel entonces, no podías preguntarle; tenías que esperar que él te lo propusiera dos semanas antes del torneo. Inclusive a los nuevos y a los que todavía no competían casi no les prestaba atención. Te anotaba la rutina en el cuaderno y te mandaba a trabajar; casi ni te miraba… tenías que ganarte el mérito de a poco. Aunque estuvieras a favor o no de este tipo de entrenamiento, tenías que estar mentalmente fuerte, de lo contrario, te ibas. Hoy todo cambió mucho. Las nuevas generaciones son completamente distintas. Finalmente, me preguntó si quería ir al torneo nacional; le dije que sí y, simplemente, dispuso: "Bueno, Junior, ve". Fui y gané. Y clasifiqué para el mundial, que ese año se hizo en Iguazú. Así fue como junto con Ezequiel y Eduardo fuimos al mundial. Allí también me fue bien, y en 2014 gané en mi categoría. A partir de entonces, Ezequiel vio que yo me había tomado las cosas muy en serio. Yo era un simple soldado, y él, el capitán. No faltaba jamás. Cuando tenía exámenes y me quedaba hasta muy tarde estudiando, prefería ir al examen y que me fuera mal antes que faltar al entrenamiento. Mi cabeza hizo un clic y empecé a tomarme el deporte de otra manera. Incluso, cuando me iba de vacaciones, buscaba un gimnasio, y seguía con mi rutina. Había semanas en las que no lograba completar mi rutina y terminaba entrenando un domingo a la noche. Un soldado solamente cumple las órdenes que le dan; no genera ningún tipo de inconvenientes en cuanto a competición y a entrenamiento.

Competí en Estados Unidos en 2015 (Las Vegas) y en 2016 (California). Luego, en 2017, en Australia, gané mucho conocimiento técnico. De regreso, en 2017, nos reunimos como equipo para compartir todo lo que habíamos aprendido. Martín estuvo con los atletas que en aquel entonces eran los mejores del mundo. Actualmente estoy entrenando a más de 100 personas y, entre otras cosas, soy preparador físico de equipos de rugby, enfocando en la parte de fuerza y potencia. Además, damos cursos; con Ezequiel nos convocan para enseñar sobre la fuerza aplicada en el rugby. Disfruto mucho entrenando a deportistas de otras disciplinas, por ejemplo, boxeadores, luchadores de artes marciales, etc. De pronto, me convocó un rugbier, y este año fue el mejor año de su desempeño en toda la división. A partir de entonces, cuando fui a conocer al equipo, me convocaron para entrenarlos en el club. Todo era nuevo para mí; consistía entrenar deportistas de otras disciplinas. Cuando me tocó entrenar a un rugbier, le fue muy bien, y comencé así a trabajar con otros de sus compañeros de manera externa. Finalmente, el club me contrató para ser el preparador físico en el área de fuerza para todo el equipo. Desde el 2019 hasta el 2021 trabajé directamente con el club; compitieron en 2 *playoff* para poder ascender, pero perdieron. Si bien yo me encargaba de la parte física, hay muchos otros factores que influyen. Sin embargo, hay deportistas de ese club que siguen entrenando conmigo en la actualidad. Luego se sumó gente de otros clubes. Incluso algunos entrenan online, de manera virtual y a distancia. Eso significa que entreno gente interesada en estética, otros me buscan por fuerza, y ahora se abre un campo dentro del rugby. Esos serían mis tres enfoques en este momento. Además, tengo algunos peleadores de jiu-jitzu.

A pesar de haber cambiado la estrategia entrenamiento —ya no con tanto rigor, como nos contaba anteriormente Ezequiel—, soy consciente de que es muy importante no confundir la amistad y el buen trato con la línea de trabajo de un entrenador. Por esta razón es que también recibimos en el club gente que quiere ser entrenada solamente por una cuestión estética, para estar saludables, sin metas de rendimiento deportivo. Es clave, como entrenador, comprender cuál es el objetivo de cada uno: de hecho, hay gente que viene solo para no estar en su casa, salir y hacer alguna actividad que le hace bien, compartir tiempo con otros, y nada más. Aunque son personas que no siguen una dieta estricta, que a veces faltan y que no quieren competir, a ellos les hace bien, y uno pasa a cumplir un rol importante en su vida. Pero, cuando alguno de ellos quiere empezar a competir, la bajada de línea es otra; las reglas de juego cambian y el vínculo se vuelve más duro.

Si pudiera elegir, dedicaría toda mi vida a entrenar deportistas de *powerlifting*. Aunque no convenga económicamente (porque requiere mucho esfuerzo y rinde poco dinero), ya que muchas veces viajamos a una ciudad e invertimos tiempo y finanzas para cubrir los gastos del viaje.

Testimonio de Martín Muñoz

Yo siempre me agarraba a trompadas en la escuela, en la calle y en el club. Jugué al fútbol hasta los 22 años. Me probé en algunos clubes y competí en algunas ligas amateur. Competí también en gimnasia deportiva y artística; jugué al rugby y al handball; practiqué algo de tenis. Desde chico éramos socios con mi familia del Club Alemán de Burzaco, hasta que tuve 16 años. Ahí jugué al paddle, y hacía natación. Siempre creí que estaba buenísimo tener más fuerza que los demás. Al jugar con mis amigos en el colegio, siempre anhelaba ganarles; quería ser el que tenía más fuerza. Aunque era el más flaquito, mostraba que tenía más fuerza.

Antes de empezar a entrenar con Ezequiel, jamás le hacía caso a nadie; todo el día estaba de joda. Apenas jugaba algo al fútbol; de hecho, yo siempre hice mucho deporte, pero salía todos los fines de semana e iba salteado al colegio, hasta que empecé a entrenar. Pasó el tiempo y en un momento me dedicaba solamente a trabajar y a entrenar. Mi única motivación era pensar que estaba bueno ser más grandote, saber que soy el más fuerte.

A Ezequiel lo veía porque siempre estaba ahí; él ya era tutor del gimnasio. Pero hasta ese momento no tenía nada que ver conmigo. Yo entrenaba solo y, de vez en cuando, lo saludaba porque era "el más grandote". Pero todavía no tenía una rutina fija; no sabía bien qué tenía que hacer. Le pedía información a uno u otro porque veía lo que estaban haciendo. Intentaba poner más peso pensando: "Seguro que, si le pongo más peso, voy a ser más fuerte". Meses después, lo observé a Ezequiel: era tan fuerte y grandote que pensé: "Yo quiero llegar a ser como él, así que tengo que hacer lo mismo que él hace". Entonces, él vino y me preguntó: "¿Por qué haces eso?". Y yo le contesté: "Porque quiero ser igual a ese grandote". Me contó que él era entrenador de fuerza, que el deporte se llamaba *powerlifting* y fue entonces cuando empezamos a entrenar juntos.

Hay una anécdota muy interesante. Cuando llegué al gimnasio, pensé: "Me quiero convertir en un gigante, así que me voy a tomar todos los anabólicos que existen". Yo era de estatura baja y, en Argentina, si pedías anabólicos, cualquier profesor de gimnasio te los conseguía.

Entonces pensé: "Este tipo me va a conseguir". Le dije que yo necesitaría un estano, y él me dice: "¿Qué…? ¿Sabes lo que es un estano?". "No, pero leí en Google que lo tomas y te pones grandote". Entonces me respondió: "¿Y sabes lo que es una superserie?". Le dije que no, y me explicó que era un sistema de entrenamiento. "¿Sabes lo que es una descendente?". "No". "¿Sabes lo que es una represión máxima?". "No". "¿Sabes lo que es una serie gigante?". "No". "Entonces anota todo esto, vete a tu casa, estudia, googlea y, cuando sepas qué significa todo esto y lo sepas hacer, después hablamos del tema anabólicos…". No me quedó otra, porque él era el mejor, y yo quería aprender. De a poco comencé a conversar más con él y hacía todo lo que me decía. Es algo que hice inconscientemente porque, al principio, mi objetivo era comprarme el estano. La energía para entrenar la sacaba de adentro.

Lo que vi en Ezequiel fueron sus resultados… ¡no había mucho más para entender! Cada semana levantaba más kilos: lograba 20 kg más cada semana. Cuando levantaba 120 kg, me preguntaba: "¿Podría ser 140 la próxima?". De pronto, al siguiente mes, estaba levantando 160 kg. Y me dije: "Evidentemente, este tipo sabe; no existe otro que entrene tan bien. Estoy logrando los resultados y voy a seguir haciéndolo". Recién años después, cuando viajé y no estuve con Ezequiel físicamente, conocí a otros entrenadores. Y lo que puedo decir es que siempre mi entrenador es él. Tiene la característica de convertirte desde un principio en un gimnasta: solo tienes que cumplir exactamente lo que él te anota en el papel: llegar a la hora exacta, entrenar una hora y media e irte. Yo llegaba, le daba el libro, lo saludaba, iba al baño, bajaba, me ponía los zapatos, entraba en calor y hacía la rutina. Punto; no preguntaba nada. Lo que ahí decía —aunque me pareciera mucho o poco— lo tenía que hacer. Aunque estuviera cansado, dolorido o hambriento, no importaba. Si me había peleado con alguien, si tenía ganas o no, me la aguantaba. Me dijo: "Trae un cuaderno y te voy a anotar las rutinas". Yo le entregaba mi cuaderno, y Ezequiel me decía lo que tenía que hacer cada semana.

Cuando vio que levantaba mucho peso, me propuso anotarme para un torneo. La idea de competir fue de común acuerdo. Mi primera competencia fue en una canchita de fútbol de Moreno, Provincia de Buenos Aires. Me presenté acompañado por Ezequiel y por dos amigos. En ese primer torneo me puse nervioso. Como venía muy bien y levantando mucho peso, puse muchas expectativas en mí mismo. Pensé muchas cosas antes de llegar al torneo; pero, cuando llegué, fallé. Esa fue mi primera frustración. En el siguiente torneo, si bien no me quedé en blanco y bloqueado, también me fue bastante mal. La meta eran tres tiros para cada ejercicio y apenas hice uno en cada uno. Me ponía muy nervioso. Al ver lo que me pasaba, Ezequiel me dio un libro y me mandó a estudiar. Era un texto muy bueno sobre psicología del deporte. Hasta ese momento, mis padres me habían enviado a terapia, pero fui un solo día y dejé. Les dije: "Esa mujer me dice lo mismo que me dicen ustedes todos los días, lo mismo que me dicen mis amigos y profesores del colegio… No voy más".

Después que leí ese libro, nunca más me bloqueé en una competencia. Si bien soy una persona ansiosa, ya no me pongo nervioso; aprendí a ser mi propio psicólogo. Luego leí algunos libros para entrenadores. Obtuve muchos beneficios aplicando en la práctica todos estos conocimientos adquiridos. A partir del siguiente torneo, me fue mejor, y así empecé a ganar. En el torneo siguiente —que era solo de banco plano—, me fue bien. Y el siguiente ya era de nivel nacional. Ahí logré el tercer puesto. Eso ocurrió en menos de un año de entrenamiento. A los 15 meses de haber comenzado, tuve mi mejor torneo. Tenía 18 años, y en ese torneo también salí tercero; el primer puesto lo obtuvo quien era campeón sudamericano, así que empecé a ver gimnastas excelentes que levantaban 295 kg. Yo había llegado a 260 kg, y Ezequiel me dijo: "El próximo torneo lo vas a lograr". Yo pensaba: "Este hombre está loco". Y a los tres meses no solamente lo logré, sino que lo superé por 20 kg más: llegué a 300 kg. Intenté hacer 330 kg —que era el récord mundial de la categoría—, pero no lo logré, aunque tengo el récord sudamericano. Ese fue mi primer torneo importante a nivel nacional, cuando apenas tenía 19 años. Ahora estoy por cumplir 31 años, la misma edad que tenía Ezequiel cuando empezó a entrenarme.

Siempre vi a Ezequiel como un mentor y un líder absoluto en todo lo que hace, tanto en lo profesional como en su vida personal. Es alguien que siempre está dispuesto a enseñarte algo, siempre con valores y códigos que a lo largo del tiempo han sido incorruptibles. Aunque no estuve físicamente en Argentina durante un tiempo, Ezequiel nunca cambió sus valores. Hay muchos entrenadores que están trabajando bien y son muy buenos, pero su don de liderazgo y todo lo que él transmite es único. Otros solamente te indican lo que debes hacer, y listo. Él supo retarme, sancionarme cuando no hacía lo que me correspondía, me suspendió, y todo lo hizo con el objetivo de formarme. Con Ezequiel aprendí desde muy joven; en mis primeros años de gimnasio, yo era un pibe. Todo ese abordaje me sirvió para el entrenamiento y para mi formación personal. De hecho, a otros entrenadores les pagas, te enseñan, y listo. Ezequiel me eligió; jamás le pagué. Él quería entrenarme, porque vio algunas cualidades, y esto es lo que a él le apasiona: formar atletas. Con el tiempo pudo ver que estaba dando buenos resultados.

Finalmente, después de aquel tercer puesto, logré el primer puesto y llegué a ser Campeón Nacional en Categoría Junior hasta 90 kg (Team 18/19). A los 20 años, ya estaba compitiendo en un alto nivel para torneos sudamericanos. En aquel entonces, no había tanta expansión de internet y de las redes sociales. Yo tenía dos trabajos y me iba bastante bien; me había mudado a un departamento nuevo y había terminado de equiparlo. Incluso ya tenía mi propia moto. Entonces, uno de mis mejores amigos me propuso ir a Europa, y le respondí que podía acompañarlo, pero tenía que aprovechar para competir o hacer algo relacionado con mi deporte; no quería viajar solo por placer. Mientras tanto, seguía por YouTube y por Facebook a colegas profesionales de otras partes del mundo. Entre ellos seguía al mejor *powerlifting* de todos los tiempos, Andrey Malanichev.

Para los futbolistas es como seguir a Messi. Como Rusia, Australia y Estados Unidos son los tres países principales de esta disciplina, me pareció buena idea visitar Rusia. Contacté algunos colegas rusos; veía sus nombres en las listas de competidores y sabía de su alto rendimiento. Si bien no eran muy conocidos, manejaban altísimo nivel. Contacté a nueve de ellos con un mensaje muy simple: "Hola, soy Martín de Argentina, voy a ir a Rusia y me gustaría saber dónde los encuentro para entrenar o ir a un torneo". Después pensé: "¿Y si le escribo a Andrey?". Al principio me reprimí: "¿Para qué, si no me va a responder?". Finalmente, me decidí, pensando: "A lo sumo, no me responderá". Entonces, le escribí por Facebook un mensaje, usando un inglés bastante rudimentario.

A los tres días me llegó su respuesta: "Martín, veo que eres muy joven para el peso que levantas. Si vienes a Rusia, puedes entrenar conmigo". Yo pensé: "Esto es imposible". Quería saber si era cierto que me escribía él. Enseguida le pedí que me pasara la dirección. La información que me dio era bastante extraña, como si dijera: "Llegas al puente La Noria, vas cerca del tren, doblas 400 m a la derecha, giras hacia a la izquierda hasta ver una tienda; de ahí la quinta puerta roja con un número 5, ahí es el gimnasio". Yo estaba tan feliz que pensé: "Con esto es suficiente, ya tengo la dirección". Le respondí: "Ok, en dos semanas estoy ahí". Por las dudas revisé bien su perfil de Facebook para estar seguro de que era él. Recuerdo que, cuando volví a casa y miré todo lo que tenía, pensé: "Listo, vendo todo y me voy de acá". ¡Incluso recién había instalado un acondicionador de aire y lo desinstalé para venderlo!

En esas dos semanas me puse a estudiar ruso las 24 h. Practiqué mucho y aprendí a decir las frases principales. Con mi amigo fuimos a España; días después de haber llegado, él decidió quedarse, y yo tomé un vuelo a Rusia. Cuando llegué y empecé a buscar, me di cuenta de que era imposible encontrar ese lugar. Estaba tan mal redactado… Por ejemplo, una parte decía: "… cerca del tren" … ¡en Moscú! Estando ahí, conseguí un mapa, y unas personas trataron de ayudarme. Si bien había teléfonos, la conectividad no era suficiente y los costos eran altísimos. Estuve caminando casi cinco horas, y pensé que era todo falso. "Aunque esto sea una farsa, voy a encontrar a este tipo y, aunque sea un perfil falso de Facebook, de todas maneras, para mí es importante. Si no es la persona que busco, podría entrenar con él; total, ya estoy en Rusia". Y la misma gente que me había ayudado me pasó otro mapa, con el cual me acerqué un poco más. Mientras caminaba por la calle, le preguntaba a la gente por su nombre: *Andrey Malanichev*; si bien no era tan conocido en Rusia, es mucho más conocido que en Argentina, y la gente joven conocía este deporte.

Ya estaba cerca de una universidad, cuando unos muchachos me dijeron: "Ah, me suena ese gimnasio…

Es por acá, dobla a la derecha". Por fin empecé a ilusionarme. Conté las puertas y encontré una puerta roja con el número cinco, como él me había dicho. Empecé a escuchar un ruido de discos y barras. "Debe ser por acá, en algún lado". Por una pequeña ventana veo que hay un subsuelo, y lo identifiqué enseguida como el gimnasio que yo conocía de los videos en YouTube. Cualquier entrenador de *powerlifting* del mundo sabe a qué gimnasio me refiero. Estamos hablando del gimnasio más rudimentario y antiguo, construido en un contexto soviético. Pensaba: "¿Qué digo cuando entre?". Yo sabía decir algunas frases nomás, pero no podía conversar en ruso, y allá casi nadie sabe hablar en inglés. Cuando me abrieron, le dije el nombre *Andrey Malanichev…* Me dijo que llegaba a las 5 y, como faltaban un par de horas, me preguntó si quería entrenar, así que aproveché y empecé a usar las mismas barras que él usaba, el rack de sentadillas con que él entrenaba.

Cuando vieron que levantaba bastante peso, algunos muchachos empezaron a acercarse y saludarme. Finalmente, a eso de las 5, se sintió que el piso de madera vibraba con unos pasos. Como este hombre es un gigante, me di cuenta de que había llegado él. Pasó saludando a uno por uno y, cuando me vio a mí, le dije: "Andrey, soy Martín de Argentina". Él me miraba. Entonces le repetí: "Martín, de Argentina… *powerlifting…* Facebook". Entonces reaccionó: "Ah… ¿Facebook, Argentina?". Y me dio un abrazo. Me llevó hacia una oficina, abrió su armario y me mostró un trofeo que ganó, una foto de él, un par de vendas, y sacó un block de papel para escribir y poder entendernos uno con el otro. En ese sentido, es un tipo muy limitado porque no fue al colegio; no sabe escribir bien. La cuestión fue que empecé a entrenar con él. Iba todos los días al gimnasio y él me acompañaba hasta mi hospedaje. Finalmente nos hicimos amigos. Andábamos en bus juntos, íbamos a comer. Empezó a entrenarme, a enseñarme. Habían pasado cuatro meses y, aunque yo estaba feliz, no tenía nada de dinero. Me acuerdo de que tomaba yogur y batidos de proteína. Me hice amigo de gente que me dejaba quedarse en su casa, al menos para tener un lugar donde dormir. La gente se preguntaba: "¿Quién es este?". Pero, cuando veían que levantaba bastante peso, se daban cuenta de que no era broma.

En una ocasión lo acompañé a uno de los torneos más importantes del mundo; allí, me encontré con un australiano que había viajado a Rusia como yo, para conocerlo a Andrey. Como él hablaba inglés, me propuso hospedarme con él. De a poco fui conociendo más gente así, a los mejores del mundo. Wayne era el mejor de Australia y, gracias a ese viaje, tomé la decisión de ir para allá. En 2014 él organizó el mejor torneo de todos los tiempos, a mi criterio. Para comparar con el fútbol, competían Messi, Maradona, Zidane y Ronaldo juntos, se hospedaban en el mismo hotel y yo compartía el hotel con ellos, en Sidney, Australia. Ya conocía a algunos atletas de Rusia, pero siempre me movía con el mejor de todos los tiempos. Así, en poco tiempo, me fui haciendo amigos. De hecho, el torneo fue una especie de conmemoración hacia él. Yo lo asistía, lo ayudaba y, aunque me habían invitado a competir, estaba lesionado y no pude. Luego recorrimos Australia con todo el equipo ruso. Compartí no solamente el entrenamiento, sino también varios encuentros entre amigos. Aprendí mucho y tuve la oportunidad de que me conocieron en todos lados. Finalmente, me invitaron a competir en el torneo profesional. Hasta ese momento nadie de Argentina había llegado a ese lugar. Competí en 2015 y me quedé en Australia bastante tiempo. Terminé trabajando para quien hoy es el mejor entrenador de fuerza del mundo, quien luego también terminó siendo mi íntimo amigo.

Esa fue la mejor opción para mí: quedarme en Australia. Y desde ahí volví a visitar Rusia siete veces. Pude aprender más el idioma y quedarme por periodos más largos. La primera vez que fui, no hablaba nada de ruso, y ellos no podían ayudarme, ni siquiera en inglés. No es como en Argentina; aunque preguntes en las calles, la gente no te ayuda. Solamente me manejaba con una guía de Moscú y con un diccionario básico de traducción. En cambio, dentro de Australia viajo mucho; en ocasiones me convocan como árbitro: por eso siempre estoy viajando. Cada vez que vuelvo a Argentina, aprovecho para asistir a los torneos y conocer a muchos que me escriben para conocerme. Al haberme acercado a quienes son la élite de este deporte, puedo notar que es otro el conocimiento que fui adquiriendo. De hecho, siempre comparto tiempo con Ezequiel y con Junior, les muestro algunas técnicas que voy aprendiendo allá, ejercicios nuevos, maneras de vendarse, etc. En Argentina acompaño a Ezequiel y ayudo a los chicos en los torneos, aspectos que para ellos son nuevos, porque no tuvieron aún la posibilidad de estar en competencias de ese nivel.

LA FUERZA DE LA PALABRA

Después de haber trabajado un buen tiempo para el mundial 2022 que se realizó en Estados Unidos —cuna de nuestro deporte—, pude vivir una experiencia enriquecedora. Fue maravilloso ver a deportistas tan fuertes dedicados a esta disciplina. Cada viaje a Estados Unidos lo aprovecho para traer equipamiento; entre otras cosas, compré una barra especial que usamos para entrenar, una herramienta que nos permite hacer determinados ejercicios sin lesionarnos. Mucha gente, cuando la mira, a simple vista no sabe para qué sirve; parece una barra curva. El desafío era saber si podíamos ingresar desde Estados Unidos esa barra que mide 1,20 m y pesa 30 kg. Sin dudas, nos produjo mucha adrenalina asumir ese riesgo.

Llegamos al aeropuerto de Miami con la barra cruzada en el auto que nos llevaba. Tuvimos una demora de unas cuatro horas, pero la barra siempre estuvo conmigo. Les confieso que era muy difícil de cargar porque cuenta con un embalaje muy incómodo de transportar. Claro, todo indica que soy un deportista muy acostumbrado a levantar pesas... El problema era que tenía que llevarla durante mucho tiempo, y caminar con esa barra por los largos pasillos durante varias horas resultó agotador.

Cuando hicimos el check-in, el personal de la aerolínea me preguntó de qué se trataba, y me dieron las indicaciones específicas para poder despacharlo (cuánto se debía abonar como cargo adicional, etc.). Mientras estábamos haciendo ese trámite, vino algo a mi mente. En ese preciso instante, mientras caminaba por los pasillos del aeropuerto cargando la barra, recordé la anécdota de cuando había acompañado a mi papá, que estaba trabajando en una obra. En ese lugar encontré un fierro pesado, y quise cargarlo para llevarlo a casa. Aunque pesaba muchísimo, y a pesar de la advertencia de mi mamá de no soltarlo, lo sujeté, lo arrastré con tanta fuerza como podía en ese momento, y logré llevarlo. Sin dudas, fue una lucha enorme…

Cuarenta años después, me encontré en una situación muy parecida: era tan pesado e incómodo… tenía el bolso de un lado y la barra del otro, el cansancio por no haber dormido, el agotamiento por el viaje… Realmente, pesaba mucho; pensaba: "Wow, el esfuerzo que estoy haciendo para poder llevar esta barra, para que mis alumnos la puedan usar, para que puedan entrenar tranquilos". Siempre pensando en el otro… En ese mismo momento vinieron muchos pensamientos y sensaciones a mi mente, hasta que encontré un paralelismo: cuántas personas sufren por diferentes motivos y problemas que les provocan angustias y tristezas, incluso cuestiones de baja estima, traiciones y engaños. Cuántas personas llevan esos kilos a sus espaldas; gente que carga esa barra pesada, tal como me pasaba a mí en el aeropuerto.

Creo que todos tenemos una historia para contar, que resulta impactante. Pero hay muchas personas que no pueden contarlas; prefieren callar o tratan de olvidar. Y eso genera un inconveniente; esa carga de angustia y desolación dolorosa origina otros problemas que nos terminan enfermando, no solo el cuerpo, sino también el alma y el espíritu. Ese silencio, con el transcurso del tiempo, se hace cíclico y repetitivo. Vez tras vez, cuesta más cargar ese peso que se pone cada vez más incómodo. Por eso, lo más importante a la hora de llevar una carga es ser conscientes de esta, y reconocer que no podemos llevarla solos. Incluso podemos compartir la carga con otra persona.

La siguiente imagen que tuve —haciendo un paralelismo— fue que, cuando la barra llegó a mi casa y la desembalé, quedó expuesta; y, por las cinco cuadras de distancia desde mi casa hasta el gimnasio, pudimos cargarla junto con mi novia: sujetamos un extremo cada uno, y los 30 kg se repartieron entre los dos. No se generó ningún cansancio y pudimos recorrer ese trayecto cómodamente y con total tranquilidad. ¿Qué les quiero decir con esto? Busquemos alguien de confianza en quien podamos confiar para repartir nuestras cargas; puede ser un amigo o familiar, o una persona conocida que, lo sabemos, está dispuesta a acompañarnos y ayudarnos a cargar nuestra barra pesada. Eso también es trabajar en equipo. Y esto comienza a través de la palabra: mediante el habla. Lo mejor que puede hacer quien afronta un problema con angustia o frustración es comenzar a hablar, tratar de expresarlo. En el psicoanálisis se le dice "hacer catarsis", una manera de lanzar hacia afuera lo malo que tenemos dentro.

Recuerdo que, cuando era adolescente, comencé a hacer terapia, y al principio, no entendía muy bien para qué servía hablar. Pero ahora no tengo dudas de que, cuando logramos poner nuestros problemas en palabras, algo extraño ocurre: la mente y el cuerpo comienzan a liberarse; sentimos que soltamos peso y comenzamos a desestresarnos. Sin duda estamos en este mundo para ser felices; los momentos de tristeza que atravesamos en la vida no son el fin de nuestro camino hacia la felicidad. El sendero que nos lleva hacia la felicidad se abre con las puertas del habla. Lo comenzamos al transmitir lo que sentimos en nuestro interior, compartiéndolo con otras personas que sepan escucharnos y que sean de nuestra absoluta confianza. Con una sola persona que nos escuche alcanza. Quizás sí luego necesitamos una opinión, un consejo que puedan darnos. Pero al menos nos ayudará a ver otro punto de vista.

A su vez, sé muy bien que, para muchas personas, hablar es un esfuerzo titánico. Y, como les cuesta tanto atravesar ese nivel de estrés, prefieren no hacerlo. Sin embargo, me pregunto… ¿qué es más duro, seguir cargando ese peso uno mismo —que cada vez pesa más y nos tira hacia abajo— o afrontar la situación, pedir ayuda, y así mejorar internamente? Lo que ocurre cuando no hablamos es que todas esas cosas negativas producen en nuestro interior una sensación de vacío, que se transmite también al cuerpo. A su vez, eso genera una carga mayor de tristeza y que puede transformarse en angustia, luego en depresión, lo que luego lastima nuestra estima. Hoy sabemos que esto se puede mejorar solamente cuando hablamos y somos capaces de poner en palabras nuestros temores.

Muchos piensan: "No sé cómo lo pueden tomar las demás personas". Recuerdo situaciones en las que no me gustaron las actitudes de mis amigos, y preferí no decir nada; al pasar el tiempo —dos semanas, un mes o dos meses—, esta situación siguió dando vueltas en mi mente hasta convertirse en una carga pesada, como me ocurrió con la barra. Pero qué bueno es poder sentarnos con esos amigos, hablar y expresarles las cosas que no nos gustaron… Es el camino más sano que podemos transitar. Y digo "sano" porque termina curándonos a nosotros, y también la relación. Siempre siendo sinceros, hablando la verdad, pero diciendo las cosas de frente, lo que nos molesta, en el momento y forma adecuados. En seguida, notaremos que las cosas funcionan mejor; expulsamos las emociones negativas y empezamos a disfrutar la alegría de haber podido resolver esos conflictos. Es algo parecido a cuando llegamos agotados, transpirados y cansados físicamente y nos metemos en la ducha; el agua nos limpia, nos relaja y nos despeja. De la misma manera ocurre cuando empezamos a hablar; es como "una ducha del alma".

Sin embargo, a pesar de ser algo tan poderoso, mucha gente no llega a comprender la importancia de poder poner las emociones en palabras. Hay personas que han guardado dolores y cargas por años y, tal vez, han muerto con estos, ocultando sus verdaderas emociones y sus áreas tristes. De todas formas, comprendo que a muchos les cuesta abrir y exponer su corazón. Vuelvo a visualizar la imagen de la barra siendo transportada junto con mi novia: si somos dos o tres, incluso cuatro, eso que parece ser un problema tan pesado se distribuye, y ya no pesa. El problema está expuesto; lo vemos y queda desembalado, porque cada uno puede entender lo que está ocurriendo en el otro; pero lo llevamos juntos. Esa situación de la barra cargada por un largo período, y el hecho de mantenerse firme, estar agotado, pero tener la necesidad de llevar esa carga, me enseñó la importancia de poder liberarla. Fue paradójico y revelador: una carga que necesitaba tener y transportar; tenía que hacerlo, para que luego —al momento de liberarlo— se me revelara este concepto.

Acerca de la importancia de la palabra y de poder expresar, recuerdo que, cuando tenía 21 años, en una de las primeras sesiones de terapia con mi psicólogo, conversamos acerca de la sanación a través del habla. Aquel terapeuta me enseñó que este proceso de diálogo catártico era el inicio del camino para sanar el alma: las heridas se cierran y comienza la cicatrización. En ese momento recordé que, durante mi adolescencia, cada vez que afrontaba un problema, me dolía la panza. Siendo chico, cuando alguien me retaba, me dolía la panza y, así, cuando algo me sale realmente mal, "me duele la panza". Todo se volcaba a esa zona central de mi cuerpo. Entonces me di cuenta de que esa era mi área más débil, mi talón de Aquiles: el propio centro de mi cuerpo. Así pasé largos años con esa sensación de dolor siempre ahí. A otras personas les ocurre lo mismo, pero en el pecho, o tienen la sensación de que algo se les anuda en la panza, y no lo sueltan. Luego, conversando con otras personas, me enteré de que les pasaba lo mismo. Por eso los comprendo, y ahora sé qué es lo que necesita hacerse.

En uno de los procesos de terapia, recuerdo haber podido resolver mentalmente un problema que atravesaba, y comprender que tenía que ver directamente con mis exigencias: cuando yo me aferraba a la autoexigencia y a exigirles mucho a los demás, y veía que el otro no podía —o no quería— actuar, yo cubría ese espacio con un "dolor de panza". Al comprender mejor los procesos del psicoanálisis y de la psicología, supe cómo poner las cosas en palabras. Fue una forma también de soltar el control y aprender que las cosas no saldrían como yo quería, y que los demás no siempre cubrirían mis expectativas. Comprenderlo, decirlo y afrontarlo me curó. Tiempo después, aprendí cómo funcionaba esto. Y no digo que la psicoterapia sea la mejor manera; en ese momento me resultó muy útil, y luego, también supe que hay otros caminos terapéuticos. No estoy diciendo que todos tienen que ir a terapia; de hecho, hay mucha gente que nunca ha ido y logró resolver sus problemas emocionales. Por mi parte, elegí las terapias para poder apreciar los problemas desde otro punto de vista, buscando un profesional con una postura neutra que me acompañase para dilucidar interrogantes y descubrir caminos acertados y errados, animándome así a tomar decisiones. Decidí compartir esto porque sé que muchos están sufriendo; y sé que estas líneas resultarán útiles para otros que atraviesan situaciones particulares, quizás con sus padres, sus parejas, los amigos, familiares o incluso compañeros de trabajo. Comprendan que lo más sanador es la palabra; sentarnos tranquilos frente a frente y decir lo que nos pasa.

Otra cosa que aprendí en los años de terapia fue darme cuenta de que el otro, la persona en cuestión, es alguien "que está vivo" … y ese no es un dato menor. Por ejemplo: si yo sufrí problemas con mis padres y nunca se lo dije, como mis padres ya no están, hoy no se lo podría decir… Tendré que buscar otros recursos. Por eso lo más sanador es hablar con las personas vivas, con las que estamos atravesando determinados problemas. Tal vez puedo hablar con un familiar acerca de ciertos problemas que tengo con mis amigos, o a la inversa: hablar con amigos de problemas que tenemos con los familiares.

Pero, sin dudas, el comienzo de la sanación nace cuando puedo conversar con la persona en cuestión ese problema o ese dolor, buscando la mejor manera de resolverlo, diálogo por medio (no haciendo un monólogo). Los que tuvieron problemas y lograron hablarlo con la persona en cuestión saben de lo que estoy hablando; y, si nunca vivieron esa sensación, quiero recomendarles que lo hagan. Si hay algo que tienes que decir, comienza en este preciso instante a delinear las palabras y a contactarte con esa persona, para generar así un momento de sanación entre ambos. Así es cómo surge un espacio de sanación: se exponen las cicatrices y se proponen sanarlas.

Ese es el momento en que nos vamos haciendo más fuertes: la fuerza también manda sobre cicatrices sanas. Haciendo una analogía con la fuerza, el proceso del habla también se puede entrenar. Así como hablamos de la voluntad que se entrena día a día, el enfrentar problemas es algo que se puede entrenar. De hecho, quienes prefieren evitar el problema, mirar para otro lado y guardar silencio lo hacen porque no han sido entrenados en este asunto. La barra comienza a pesar más de 30 kg; en poco tiempo pesa 35 kg, luego 40 kg, y así paulatinamente. Llega un momento en que el peso es tan alto que el cuerpo ya no puede sostenerlo; necesita detenerse porque está agobiado… o quizás se quiebre. No quiero que nadie se rompa; ni creo que alguien esté predispuesto a romperse, física o emocionalmente. Por eso traigo este paralelismo a través de la anécdota del aeropuerto:

un objeto que comencé a cargar lejos de mi país y de mi gente querida me ayudó a reflexionar, a recordar esos momentos y expresarlos en estas líneas, que forman parte del proceso de la fuerza.

Quiero motivarlos a enfrentar estas situaciones; sepan que es mucho más incómodo sostener el peso y callar. Recuerden que siempre hay alguien cerca dispuesto ayudar, a escuchar lo que nos pasa. Cuando finalmente llegamos al gimnasio junto a mi novia, llevando la barra, la apoyamos en el piso y sentimos un alivio… La satisfacción de haber logrado el objetivo. La barra ahora estaba en su lugar, y pronto comenzó a ser usada. El peso sostenido y el esfuerzo compartido redundaron en beneficio de otros. Lo resignificamos y le dimos un nuevo sentido, viendo a otros disfrutar de este objeto, que parecía muy simple, pero a la vez muy importante. Un objeto que cobró significado relevante porque cargó con una historia: la mía, la de mi gente… y ahora la de ustedes. ¡Y todo gracias a la palabra! Así es la fuerza, la fuerza de la palabra.

FUERZA Y EQUILIBRIO

Este libro tiene muchas directrices, idas y vueltas, muchas direcciones, muchas sensaciones, paisajes y momentos vividos. Algo que me fueron preguntando en distintas entrevistas, en reiteradas ocasiones es qué cambiaría de mi vida. Siempre respondí lo mismo: no cambiaría absolutamente nada. Gracias a todo lo bueno y malo que me pasó, soy quien soy: una persona que puede elegir, que sabe elegir. Toda la experiencia que tengo me sirvió para crecer y desarrollarme.

Ser líder para mí es una condición innata. Si bien a veces significa tomar la posta y otras veces recibirla, creo que todo el mundo puede ser líder. Todos tienen la capacidad de liderar, de ir hacia delante, de dirigir, de ordenar y supervisar. Todos tenemos eso. Uno de mis profesores decía: "Hay que matar a la mascota y al domador" (en sentido figurativo, obviamente). Toda persona que tiene una mascota sabe que uno pasa a ser su líder; pero, más que el líder, es un domador. Y una de las cosas que también me enseñó es que tenemos que matar a ese domador, para empezar a entender y escuchar, para poder preguntar y comprender. Incluso hasta para llegar a sensibilizarnos. ¿Por qué digo esto? Porque pareciera que ser líder —cuando estamos en un ambiente profesional o al frente de un grupo— implica que tenemos que ser muy profesionales, y así tendemos a "barnizarnos" de manera tal que las emociones no nos entren. Pero, a veces, ciertas emociones entran y nos tocan el alma. Hay situaciones que nos emocionan, otras que dan bronca, y otras tantas que nos desilusionan. Como líder, uno atraviesa muchísimas situaciones diversas. Y para mí es una gran responsabilidad ser líder, porque creo fervientemente que muchas veces uno tiene la felicidad del otro en sus manos… Así como lo escuchan: tener la felicidad del otro en tus propias manos. Es un rol de mucha envergadura. Y, por supuesto, también conlleva el éxito o derrota de esa persona.

En el deporte se dice que, cuando se gana, gana el atleta y que, cuando se pierde, pierde el entrenador. Pero no siempre es cierto. Yo les brindo a mis atletas mucha confianza. Algo que siempre les digo es: "No me debes nada, ni yo te debo nada; cada uno hizo lo mejor que pudo, y nadie desilusiona a nadie". A veces las cosas se dan, y otras, no. Creo que no podría perdonarle a una persona —sea un atleta o cualquier que atraviesa un problema— es que se rinda; no puedo admitir que no se entregue todo. Por supuesto, eso implica mucho. Es como cuando estamos en pareja y lo dejamos todo por esa pareja; le entregamos todo y nos vaciamos.

Una de las cosas importantes que les enseño a los atletas es que disfruten el proceso, que se diviertan y den lo máximo. Uno tiene que aprovechar cada momento mientras estamos vivos, ya que es una oportunidad que nos da la vida. Recordar que estamos vivos, para así poder accionar sobre las circunstancias, sobre los procesos, sobre el presente y sobre las personas que nos siguen. Creo que ser líder es una actividad muy compleja. Se necesita mucho instinto. Cuando era chico, creía que en la vida no íbamos a atravesar problemas. De hecho, uno no quiere tener problemas, no quiere sufrir. Sin embargo, como ya dijimos: *el dolor es inevitable, pero el sufrimiento es una elección.* Somos nosotros quienes decidimos si vamos a sufrir o no, y de qué forma atravesaremos la adversidad. De qué manera la enfrentaremos para fortalecernos, y cómo encontrar una herramienta o un recurso en medio de ese problema. La adversidad nos obliga a "parir" la persona que nunca pensamos ser. En medio de un problema, de una situación que nos causa sufrimiento, llega un punto en el que ya no somos los mismos, porque buscamos, porque recurrimos a formas y recursos que nos permiten desdoblar ese problema, hasta poder solucionarlo y salir ilesos. Es una realidad que, en pleno sufrimiento, en todo dolor, uno se fortalece, se vuelve más astuto. Ante una mentira uno se vuelve más resiliente. Cuando hablamos de resiliencia, hablamos de aquellas personas que sufrieron y se vuelven a reinventar. Por eso creo que la adversidad es una gran oportunidad para autoconocerse. Una oportunidad para experimentar el poder y controlar tu propia vida; para seguir caminando con la frente en alto. Como dice una frase de Séneca: "Pobre de aquel hombre que nunca haya tenido una adversidad".

A lo largo de mi vida he atravesado muchos problemas y sufrido mucho, a tal punto que mi alma y mi espíritu estaban cansados. Uno de los peores sufrimientos es padecer por amor. La angustia, el dolor que te genera el desamor, una relación quebrada. El dolor viene, a pesar de que uno quiere evitarlo. Y lo peor que podemos hacer es darle la espalda, ignorarlo. Pero sí podemos buscar los recursos que nos permitirán sobrellevar ese problema y mirar la vida de otro modo. Por eso digo que el sufrimiento es una elección: yo puedo elegir si voy a sufrir o cuánto pienso sufrir. En definitiva, no vivimos en los extremos; no vivimos una vida que está llena de placeres o llena de sufrimientos. Podemos elegir el camino del medio, el camino por el cual la vida nos ofrece oportunidades para crecer, para ser resolutivos, para ser más fuertes. En definitiva, donde reside la debilidad, donde reside el sufrimiento, ahí se esconden la fuerza y el poder.

¿De dónde obtenemos estos recursos? ¿De dónde viene el poder?, de lo que traemos desde cuando somos niños. De esas herramientas que sembraron nuestros padres en nosotros. No es sano sobreproteger a un hijo. Existen padres muy sobreprotectores, y creo que es una de las peores cosas que les pueden dar a sus hijos. Al sobreprotegerlos, les estamos enseñando que no cuenta con sus propias herramientas, que es indefenso. De esa manera, estás formando a una persona que luego no encontrará recursos suficientes para solucionar sus propios problemas. Por ejemplo, cuando se cae o se golpea y corremos desesperadamente para asistirlo, le estamos dando un mensaje de debilidad, diciéndole: "Te ayudo porque solo no puedes". Luego, el niño no tendrá el poder resolutivo que necesitará para tomar una decisión ni la madurez suficiente para decir: "No necesito que me protejan siempre".

Un papá o una mamá que le brinda a su hijo, desde pequeño, amor, recursos y herramientas, validación, afecto —al mismo tiempo que límites— está trabajando en él la independencia, la autovalía y la tolerancia al fracaso... Todas estas habilidades le servirán para afrontar las circunstancias adversas de la adultez. Veamos... Supongamos que nuestro hijo está jugando un partido de fútbol y pierden por cinco goles de diferencia. El padre, obviamente, no solo tiene que felicitarlo, sino también hacerle ver la realidad: que podrían esforzarse más, que el otro equipo fue mucho mejor, que esta vez no jugaron tan bien junto a sus compañeros. A través de un diálogo en calma, hay que procurar que el niño entienda que también fue su responsabilidad. Esa sería la función principal, con el objetivo de que ese niño pueda ejercitar la tolerancia al fracaso. Esa baja tolerancia al fracaso, en mi caso, me causó algunos problemas, porque, frente a muchas situaciones, no he tenido esa capacidad. Y, al no poder aceptar ese fracaso, el sufrimiento fue muy agónico, lo que me llevó a atravesar momentos realmente terribles.

Con los años aprendí que todo ocurre por alguna razón, que la vida es dual en casi todo lo que vemos: están el sol y la luna; siempre hay algo opuesto, siempre hay un antónimo, el bien y el mal, la salud y la enfermedad. El mundo, prácticamente, es dual; prácticamente, la vida misma es así. Por eso necesitamos aprender a movernos en estos espacios, en territorios de subidas y bajadas, en un terreno de decisiones y tristezas, de traiciones y lealtades. Y todo eso, aunque no lo creas, es lo que te hace más fuerte. Esas cosas hacen que salga de ti una fuerza interior que muchas veces no pensaste tener. Y, aunque no lo imaginaste, ahí están guardadas en lo más profundo de tu ser. En los momentos más críticos de tu vida, cuando llegas a una edad adulta como la mía, comienzas a comprender muchas cosas.

Por todo esto, hace algunos años, adopté el estoicismo, una corriente filosófica nacida en Atenas. ¿Por qué adopté esta filosofía? Los estoicos de la antigüedad sostenían que, si bien no podemos controlar lo que ocurre en el universo a nuestro alrededor, sí podemos controlar la manera en que pensamos al respecto[3]. Si tengo un momento de gran alegría, soy consciente con

____

[3] Fuente: https://concepto.de/estoicismo/#ixzz84G7xxsZ1

tranquilidad de que ese momento también pasará. Es algo momentáneo que va a terminar. También ahí radica la humildad. Asimismo, cuando atravesamos un mal momento y afrontamos una mala situación que nos angustia, también pienso que todo pasa. Hoy, la manera en la que yo afronto un problema es con tranquilidad, sabiendo que todo pasa. Todo: lo bueno y lo malo.

Mi madre y mi abuela siempre me decían: "Todo llega en la vida". Y la vida es una búsqueda de equilibrio. Esa dualidad de la que hablaba antes, de saber surfear en medio del caos. Todo llega, para el bueno y para el malo. Yo quiero estar del lado bueno para que me toquen cosas buenas. Es así, a diario, como construimos nosotros mismos el destino, creando el futuro día a día, paso a paso, haciéndonos responsables del presente, en cada acto cotidiano, en cada palabra. En definitiva, el destino lo construimos nosotros, pero no lo controlamos. Por supuesto que pueden surgir cosas buenas y malas. A nuestra vida llegan personas de todo tipo y también nos llegan problemas que quizás no tienen que ver con nosotros, sino que fueron generados por otras personas. A pesar de todo, lo más importante es saber cómo afrontar tus problemas, y ver de qué manera podemos brindarle al otro nuestra ayuda. Recuerdo que muchas veces me dijeron: "Ezequiel, no seas tan confianzudo, no pongas confianza plena en la gente porque después te terminan traicionando; cuídate un poco". Pero pienso… ¿de qué me tengo que cuidar?, ¿por qué me tengo que cuidar tanto? En definitiva, yo soy así; soy una persona confiable y que confía en los demás, que da oportunidades. Y, si alguien me traiciona, el problema no sería mío, sino de la otra persona. En ese caso, si yo confié y no fueron leales, el problema es de ellos, no mío. Cuando sé posicionarme frente a la vida, yo ya no tengo responsabilidad sobre los demás; debo seguir siendo como soy en esencia, y seguir dando oportunidades. Siempre llegará alguien a nuestra vida que nos reintegre lo que nosotros estamos sembrando.

El ser humano está hecho para moverse; fue diseñado para vivir intensamente. Yo no concibo una vida vivida a medias tintas, ser un hombre gris. ¡El camino es hacerte más fuerte cada día! Por eso recalco que la fuerza está en la debilidad; la fuerza está en las oportunidades que nos da la debilidad. De hecho, cuanto más débil soy, más fuerte puedo llegar a ser. Sin límites. Cuanto más rápido pueda salir del sufrimiento —o evitarlo—, más fuerte voy a ser. El filósofo Nietzsche dice: "Lo que no te mata te fortalece" y, realmente, es así. A veces el sufrimiento es tan grande y tan alto que, como siempre aspiramos a vivir, siempre vamos a salir más fuertes. Nadie quiere morir en esa debilidad; nadie quiere terminar su vida débilmente. El ser humano tiene dentro de sí un espíritu de lucha, de entrega total. Y creo que todos lo tenemos.

De esto trata este libro: de la entrega y del amor absoluto para ser uno mismo; brindarnos al otro y dar esperanzas. Inclusive se trata de la fe. Y algo muy importante que quiero que recuerden siempre: el cerebro no ve; solo siente emociones. Si alguien te insulta o te agrede, o te traiciona, solo depende de ti si eso te afecta o no. Por eso creo que este camino recién empieza, el camino del descubrimiento, de la fortaleza, de las debilidades. Y creo que es un camino infinito, eterno. Espero que sepan aprovecharlo y aprendan a vivir el minuto a minuto de una manera intensa, de modo que lleguen al éxito pleno: poder hacer en la vida lo que soñaron y ser felices.

NADA ES PARA SIEMPRE

Hace unos días tuve una charla con un alumno del gimnasio. Él me comentó que había vivido un duelo muy fuerte: un amigo cercano estaba entrenando y sufrió muerte súbita. Era una persona de 32 años de edad. En el momento en que llegaron los médicos para salvarlo, no pudieron hacer nada. Estaba en tan triste, tan profundamente angustiado que, cuando lo miraba, todo su cuerpo me daba tristeza… su voz y su mirada. Se trata de un atleta que se está preparando hace varios años para competir; tenía por delante una competencia muy importante y noté que estaba por abandonar. Me dijo que no podía, que todo era tan duro… que era tanto era el dolor por la pérdida de su amigo… además de otros problemas de pareja y problemas familiares. Se trata de una persona emprendedora, que tiene a su cargo un gimnasio recién abierto, obviamente con todos los miedos e inseguridades que eso conlleva.

Dejé pasar algunos días, y se acercó él al gimnasio. Yo venía pensando en poder enseñarle cómo tenía que enfrentar las cosas, cómo debería pararse frente al problema. Lo que más le pude transmitir fue mi experiencia con respecto al dolor, a los sacrificios, al tiempo que uno invierte y que de repente pareciera que desaparece. Lo primero que le dije fue: "¿Recuerdas cuánto luchaste para llegar hasta acá, cuántas cosas sacrificaste, cuántas horas de tu vida, cuántos dolores en tu cuerpo, cuántos minutos sin tu familia y tus amigos para poder entrenar y estar preparado? ¿De qué le serviría a tu amigo que ya no está que no compitas, que desistas? No puedo permitirte eso, no puedo permitir que caigas. Prefiero que te posiciones frente al problema, que te pares con el pecho bien abierto, levantes el mentón bien arriba, mirando al frente con determinación. El asunto no es la cantidad de problemas que podemos atravesar, sino de qué manera obtenemos la fuerza para pararnos física, mental y emocionalmente para afrontar estos problemas. De qué manera me paro frente a la situación, con qué actitud la afronto. Aunque sepa que quizás pueda perder, aunque sepa que entraré en un terreno desconocido en el cual no sé qué puede pasar. De hecho, no sé qué puede ocurrir si sigo, ¿pero si sigo y sale todo bien?, ¿y si sigo y sale todo mal? Es correcto lo que estás atravesando. Está muy bien y es muy bueno que esto ocurra".

Me miró sorprendido porque se estaba dando cuenta de que estaba vivo. Estar vivo te da la pauta y posibilidad de lucha, de seguir parándote para enfrentar las diferentes situaciones que te tocan. Y continué: "Yo, como entrenador, necesito que te levantes y veas que los problemas no son para siempre. Esa angustia y esa bronca que estás sintiendo por no haber podido salvar a tu amigo, esa incertidumbre que está flotando en tu mente todo el tiempo y esas lágrimas que salen, o a veces no salen...

¿de qué te serviría quedarte sin competir, cuando el resto del equipo está compitiendo?, ¿cómo te sentirías en ese mismo momento?, ¿cuántas cosas atravesaste hasta acá?, ¿cuántas cosas pasamos para llegar a este momento?". Entonces, me preguntó: "¿A ti nunca te pasó?". Le dije que no… nunca me pasó querer desistir de algún objetivo o de algún sueño. Pero le expliqué por qué, ante cada situación negativa, cada problema, cada situación límite, me aferraba mucho a las pesas, al entrenamiento. Era como una terapia, el momento que me hacía más feliz. Hace ocho años que existe el Club de la Fuerza, y yo lo siento como mi propia casa, el lugar donde me puedo rearmar, donde puedo ponerme más fuerte, no solamente física, sino mentalmente. Es una de las cosas que quiero transmitir: el poder mental es lo más importante.

Asimismo, es importante poder interpretar lo que te está dando la vida, saber sacar cosas buenas de todas las situaciones. Pareciera algo muy difícil llegar a ser objetivo, de modo tal que saquemos algo bueno de cada situación; pero todos tenemos esa capacidad de ver la mitad llena del vaso o la mitad vacía del vaso. La pregunta es la siguiente: ¿qué me deja esto?, ¿es algo malo, es algo bueno?, ¿qué me deja de malo, y qué me deja de bueno? En todo vas a encontrar algo bueno, y en todo vas a encontrar algo malo.

Una de las cosas que más le subrayé fue lo siguiente: "Yo sé que estás viviendo una situación extrema; sé que estás atravesando mucha tristeza y que sientes angustia por lo que ocurrió". Parecía que los problemas le caían uno tras otro, sin detenerse, sin darle descanso. Y desde afuera lo notaba muy abrumado. Pero le recordé: "Nada de esto es para siempre. Parece una frase muy trillada, una frase que lo dice todo y no dice nada, pero es verdad: nada es para siempre… ¡La nada misma tampoco es para siempre! Todo termina. Pensemos en la frase completa: "Nada es para siempre, porque todo se termina". Partiendo de esa base, a partir de entonces, él se puso a pensar. Me miró, bajó la cabeza, volvió a pensar, bajó nuevamente la cabeza. Y, cuando volvió a mirarme, me dijo: "¿Sabes qué? Tienes razón; en algún momento esto va a pasar y, si yo no compito, no me lo voy a perdonar nunca". Entonces le pregunté: "¿Qué hubiera querido tu amigo?". "Él hubiera querido que yo vaya a competir", me respondió. "Entonces, haz eso; si ese era el deseo de tu amigo y tú lo conocías, es momento de comprender que todo lo que está ocurriendo en algún momento se va a transformar, en algún momento te dará más fortaleza. Para ti será un tremendo crecimiento personal. Yo quiero verte levantado y firme; quiero que vayas a competir para poder entrenar también tu espíritu, entrenar tu voluntad. Que, cuando se te presente otro problema mucho más grave (uno de esos momentos en que la vida te golpea duro), estés aún más preparado".

Frente a la mayoría de las decisiones a las que nos enfrentamos, tenemos dos caminos: elegimos la vida o la muerte. Si me dejo vencer, estoy, literalmente, muriendo, estoy matando mi ser, estoy mandando mi espíritu y mi voluntad, matando mis ganas. Por otro lado, tenemos la oportunidad de decidir por la vida, arriesgarnos, jugarnos, empujar con fuerza hacia delante, soltar un torbellino de emociones internas y tratar de seguir caminando sin detenernos.

Finalmente, antes de irse, me dijo: "Gracias, Ezequiel; voy a pensar lo que me dijiste". Ya el semblante le había cambiado: su rostro, su mirada eran distintas. Yo le hablé con determinación, usando cada palabra justa en un momento determinado. Muchas veces me ocurrió que tuve que atravesar situaciones extremas. Muchos de mis atletas perdieron familiares cercanos, incluso hijos, aparte de madres y padres, tíos, abuelos. Yo siempre pude afrontar esas situaciones malas con la frente en alto, acompañando a mis alumnos. Esas situaciones fueron formando fortaleza, hasta definir lo que soy hoy. Jamás dejé que los momentos malos me ahogaran, me hicieran daño; siempre tuve en la cabeza y en mi corazón que hay que luchar hasta el último aliento. Por eso les digo: no abandonen el combate por nada, aunque crean que ya no les quedan fuerzas. Estoy seguro de que pueden seguir combatiendo hasta el último aliento. Fue lo último que le dije a este atleta, y se fue con otra energía. Yo me quedé en paz, porque logré transmitirle a una persona que todo se puede, que las cosas necesitan un tiempo de duelo y todos necesitan morir y volver a renacer. Estamos en continuo duelo y en continuo crecimiento. Cada vez que crecemos, hay una parte nuestra que muere y otra que renace; y así nos vamos recreando, formando nuevas ideas, alcanzando nuestros objetivos.

Lo que más él me recalcó —y me lo repite porque lo recuerda siempre— es que "nada es para siempre". Los lindos momentos, los más alegres de la vida tampoco son para siempre. Entonces, debemos buscar un equilibrio para estar en paz; tener equilibrio para saber cuándo disfrutar, cuándo llorar; darnos permiso para estar mal porque es parte del duelo, una pequeña muerte interna. En este caso, esa parte que se desespera por volver a tener a tu amigo vivo... Unos días después, volvió al gimnasio y me dijo: "Eze, voy a competir. Me di cuenta de que tienes razón en todo lo que me dijiste". En ese momento me puse a pensar... Qué importante es la palabra, decirle algo a alguien. Son momentos que, seguramente, nunca se olvidan y quedan tatuados en el alma para siempre. Él tomó esa pequeña charla con mucho valor; tuvo el valor de escuchar, de prestar atención. También puede pasar que no tenga valor para escucharme y no llegue afrontar el problema como es. Realmente, creo que él quería escuchar, necesitaba un apuntalamiento. ¡Todos necesitamos que alguien nos abrace y nos empuje hacia delante! De hecho, yo lo he tenido, muchas veces sí y muchas no.

Luego conversamos juntos pensando más detalles de la competencia. Entonces, le propuse plantear nuevos objetivos, diferentes a los que él tenía antes de que ocurriera la muerte de su amigo (que eran ganar el torneo nacional y superar las metas del año anterior). Los nuevos objetivos tienen que ver más con el día a día, y no con el resultado final. Uno de los objetivos a cumplir eran que pudiera venir siempre a entrenar, haciéndose responsable de su propio entrenamiento, sin faltar, con determinación y actitud para afrontar su propio entrenamiento y soportar la presión que, como entrenador, le iba a imponer. También con esa presión uno sufre y eso nos lleva a lo mismo: todo sufrimiento hace que muera algo dentro de nosotros. Pero eso mismo nos permite crecer, nos transforma en un ser mucho más fuerte y más determinado. Los objetivos y las palabras cambiaron; ahora decimos: "Tú puedes, lo vas a lograr". Todas las palabras que sirvan para motivarlos las guardo y las uso en su determinado momento. Me imagino que son como pequeñas fichas que voy metiendo dentro de la máquina; una ficha cada día: decirle lo buenos que son, lo fuertes y maravillosos que son es una ficha importante. Cada día, cada palabra va generando en los atletas internamente un cambio, optimismo, la confianza que necesitan en esos momentos.

En definitiva, el objetivo no era el resultado final, sino su transformación para superarse día a día. Esa competencia era consigo mismo, no con otros. Su competencia era contra su propia voluntad, contra su tristeza.

Él nunca lo supo. Creo que aún no lo sabe… que la competencia es contra él mismo.

Todo el tiempo vuelvo a recordar la frase: "Nada es para siempre"...

También recuerdo una película que vi cuando era chico: se llamaba "Nada es para siempre". Esa película marcó algo importante en mí; me ayudó a entender la vida desde otro ángulo, a tener otra percepción acerca de las cosas. Puntualmente, me mostró lo mismo que dice su título: comprender que incluso mis relaciones, mis amistades, mis sueños y mis objetivos tampoco son para siempre. En este momento, yo me quise preparar para las pérdidas, por miedo al dolor. Creo que aquello a lo que más tememos es el dolor.

Todo cumple un ciclo, tanto lo bueno como lo malo. Todo termina en algún momento. Cuando logres comprender cabalmente esto, lograrás posicionarte con tu mirada al frente, con el pecho bien abierto, para afirmar: "Esta tormenta es dura, este viento es intenso, pero no puede durar mucho". Excepto el mundo espiritual, en un momento, todo lo demás se termina. Así deberíamos afrontar cada una de las situaciones límite, ya sea con tristeza o con sufrimiento, pero con la certeza de que en un momento termina. Sabiendo esperar hasta que todo pase.

CONTACTO

@ezecoach | @elclubdelafuerza

ezequielcosta206@hotmail.com